LE LIVRE DES PARENTS

Cette petite bibliothèque pratique apporte aux parents et éducateurs toutes les informations qui les intéressent pour suivre, année après année, la croissance de leur enfant. Elle se recommande particulièrement par les nombreuses suggestions qu'elle leur propose pour favoriser suivant toutes ses dimensions le développement harmonieux de la personnalité dès la première enfance, si décisive dans la vie de chaque être humain.

Notre enfant de 0 à 1 an

Notre enfant de 1 à 2 ans

Notre enfant de 2 à 3 ans

Notre enfant de 3 à 4 ans

Notre enfant de 4 à 5 ans

Notre enfant de 5 à 6 ans

LE LIVRE DES PARENTS

notre enfant de 2 à 3 ans

Tout ce que vous voulez savoir
sur l'alimentation,
la chambre et l'environnement,
la sexualité,
les activités et les jeux,
les méthodes d'éducation...
et mille autres choses encore

Ulrich Diekmeyer

LE LIVRE DES PARENTS 3

notre enfant de 2 à 3 ans

TEXTE FRANÇAIS DE MARIE-FRANCE MULLER
AVEC LA COLLABORATION DE CLAUDE LAURIOT PRÉVOST
CONSEILLÈRE MÉDICALE : Dr BRIGITTE MERTIN

Editions du Centurion

L'édition originale de cet ouvrage a paru sous le titre ***Das Elternbuch 3***

ISBN 2-227-16502-4

Table des matières

Introduction

Les parents, l'enfant et le milieu

La troisième année revêt une signification toute particulière pour le développement de l'enfant. Le stade de bébé et de petit enfant s'achève vers la fin de cette année : c'est alors que commence l'âge de l'école maternelle. Ce passage se caractérise par un désir d'indépendance grandissant. L'enfant se heurte parfois énergiquement à la volonté des adultes.

Les parents doivent accepter l'idée que leur enfant ne se contente plus d'avoir sa propre volonté, mais qu'il veut maintenant l'imposer.

Ces modifications manifestes sont le fait de l'essor des facultés intellectuelles. L'enfant établit une distinction de plus en plus nette entre « moi » et « pas moi ». Il fait de gros progrès pour parler et comprendre. Les muscles se renforcent, la motricité s'affine... ce qui accentue également cette évolution. En outre, dans le courant de la 3ᵉ année, il devient propre.

Les facultés de l'enfant évoluent sans doute à un rythme un peu plus lent que durant la 2ᵉ année, plus vif cependant que durant la 4ᵉ.

Si on représentait graphiquement les progrès de l'enfant au cours de ses premières années – pour autant que ce soit réalisable –, on obtiendrait une courbe qui commencerait par grimper, puis s'aplatirait d'année en année. Ceci entraîne deux conséquences :

• l'évolution et la formation des facultés de l'enfant peuvent être favorisées maintenant au prix d'efforts moins difficiles que dans les années qui vont suivre ;

• pour surmonter des retards de développement, ou obtenir au cours de l'année suivante autant de progrès qu'au cours de la précédente, les parents et les éducateurs auront à faire des efforts de plus en plus importants. Pour l'enfant également l'exigence pèsera plus lourd.

Il faudra donc toujours respecter les conditions dans lesquelles le développement pourra se réaliser au mieux. Voici quels en sont les facteurs essentiels :
– *l'enfant* : il doit se développer convenablement ;
– *vous,* en tant que parents de l'enfant ;
– *le milieu.*

Observez votre enfant : vous pouvez aisément constater les progrès qu'il a faits pour voir, entendre, sentir, toucher, goûter, réfléchir, parler (en ce domaine, c'est particulièrement spectaculaire), enregistrer et mémoriser. La façon dont il se sert maintenant de son corps, de ses mains, de ses doigts, de ses jambes et de ses bras a, elle aussi, considérablement évolué. Vous connaissez l'intérêt qu'il porte au monde qui l'entoure, ainsi que sa propension à nouer et approfondir les contacts avec les autres.

Toutes ces facultés vont se développer et s'améliorer de jour en jour dans la mesure où le *milieu* sera « attirant ». Il faut savoir mettre l'enfant dans des situations variées qui font appel à ses capacités. Il y a une façon de lui présenter ces situations, de manière qu'il les élabore jusqu'à les avoir définitivement en main.

Et c'est là que vous intervenez. Le programme de développement que nous exposons dans ce volume vous y aide. Il propose des jeux et des activités qui correspondent à tous les secteurs de l'intelligence, pour cette année-là. Vous pouvez considérer que le but est atteint lorsque l'enfant est capable de résoudre un problème, qu'il s'en réjouit et désire aller au-delà.

Aider l'enfant à se développer est une tâche qui incombe aux deux parents à la fois. Chacun a ses propres talents de pédagogue et peut transmettre différentes connaissances. Votre tâche d'éducateurs doit, en outre; s'intégrer dans un contexte, dans un milieu. A vous de l'aménager ou de le modifier, selon vos possibilités.

Commencez par la chambre d'enfant. Débarrassez-la des meubles qui sont parfaits pour les adultes, mais ne conviennent pas ici. Installez-la selon les goûts de l'intéressé, pour les couleurs par exemple. Il faut, bien sûr, tenir compte de la sécurité. De nombreuses expériences ont démontré qu'un milieu « différencié et attirant » était particulièrement recommandé pour le bon développement de l'enfant. Il y puise – consciemment et inconsciemment – les stimuli favorables à son évolution. Tenez compte également de ses besoins lorsque vous aménagez le reste de la maison : celle-ci doit être sans danger et sans aucun « domaine interdit », comporter suffisamment de place pour le jeu, être susceptible de modifications, et capable d'éveiller l'envie de s'y dépenser. L'enfant doit avoir toutes les possibilités d'y agir par lui-même.

Pensez aussi aux abords immédiats de la maison. Sachez vous en écarter s'ils sont ennuyeux ou dangereux. Si vous habitez un appartement en ville, il faudra envisager de « sortir » toutes les semaines pour connaître un cadre différent : le square avec ses toboggans n'est jamais qu'un « ersatz » de nature. Ne laissez pas non plus éternellement l'enfant avec d'autres enfants. Faites-lui rencontrer des adultes. Les étrangers peuvent, en peu de temps, lui apporter beaucoup. Celui-ci apprend, en outre, à s'adapter aux autres, adultes comme enfants.

Voici une dernière indication qui vous aidera à utiliser ce livre : au centre de chaque volume de notre série se trouvent le programme de développement (tomes 1 à 3), puis le programme de jeux éducatifs pour l'âge préscolaire (tomes 4 à 6). Chaque tome insiste plus précisément sur certains thèmes qui ne sont abordés que brièvement dans les autres.

Voici les thèmes essentiels des tomes 2, 3 et 4 :

Livre des parents 2 : Education de la propreté. Jeux et jouets. Maladies infantiles.

Livre des parents 3 : Alimentation à l'âge préscolaire. Chambre d'enfant. Sexualité. Buts et modes d'éducation.

Livre des parents 4 : Jardin d'enfants. Milieu. Troubles du comportement.

Le corps de l'enfant

Modifications physiques entre 2 et 3 ans

Une alimentation saine

Le rythme de la journée : adaptation et autorégulation

Modifications physiques entre 2 et 3 ans

Taille et poids

L'évolution physique est maintenant un peu moins rapide que durant les 2 années qui précèdent. Les filles, comme les garçons, grandissent en moyenne de 7 à 8 centimètres au cours de cette année. A 36 mois, les garçons mesurent environ 97 centimètres, les filles 96. Ces mesures peuvent varier de 7 à 8 centimètres en plus ou en moins. Jusqu'à 2 ans et demi, l'enfant prend à peu près 1 centimètre par mois, après quoi le rythme de croissance diminue légèrement.

Le poids – comme l'année précédente – augmente de plus de 2 kilos. Les garçons de 3 ans pèsent en moyenne 15 kilos ; les filles, généralement une livre de moins. Ces chiffres peuvent varier de 3 kilos en plus ou en moins. Le poids augmente selon une courbe régulière dans le courant de la 3ᵉ année. Mais il faut tenir compte des variations saisonnières. L'enfant grossit généralement plus en automne, moins au printemps et en été. Par contre, il grandit plus durant ces deux dernières saisons et moins en automne.

Les tailles et les poids varient toujours un peu en l'espace de quelques années : les enfants d'aujourd'hui sont plus grands et plus lourds que ceux des dernières décennies. Des expériences scientifiques ont, en outre, démontré que le processus d'évolution psychologique se trouvait accéléré. Vous pouvez savoir dès maintenant quelle sera la taille adulte de votre enfant, en faisant faire une radiographie de sa main et de son poignet. L'influence de la taille des parents est prépondérante.

Proportions du corps

La *tête* grandit maintenant moins vite, par rapport au reste du corps. Chez le nouveau-né, elle mesurait 1/3 de la longueur totale. Elle n'en représente plus qu'1/5. Le périmètre crânien augmente d'un centimètre et atteint 50 centimètres à 3 ans (48 et 52 sont aussi dans la norme). Les fontanelles sont fermées au plus tard au début de la 3ᵉ année. Le crâne augmente proportionnellement moins vite que le visage. L'enfant perd son aspect « poupin » et se rapproche de l'air « adulte ».

Les *extrémités,* en particulier les bras, grandissent rapidement. Les doigts sont encore courts et épais.

Les *épaules* et le *bassin* s'élargissent proportionnellement à la longueur du corps. Il n'y a pas encore de différence, de ce côté, entre garçons et filles. Un *thorax* bien développé est déjà le signe d'une constitution solide.

La modification des proportions du corps fait descendre son centre de gravité. Chez le nouveau-né, le nombril se trouvait dans la moitié inférieure du corps. Il se trouve maintenant au milieu. Chez l'adulte, il se trouve largement dans la moitié supérieure. Le déplacement de son centre de gravité aide l'enfant à maintenir son équilibre.

Le sens de l'équilibre d'un enfant de 2 ans et demi-3 ans est suffisant pour qu'il puisse se tenir (peut-être au prix d'un effort), durant quelques secondes, sur une seule jambe.

Autres modifications physiques

L'évolution du *système nerveux* est, bien sûr, primordiale. Le volume du *cerveau* continue à augmenter. Simultanément, ses dépressions sinueuses (« scissures ») se développent. Les liaisons se multiplient entre les différentes cellules nerveuses et rendent possibles l'organisation et la diffusion des informations recueillies. C'est pourquoi les facultés intellectuelles augmentent, elles aussi, de

Ce n'est pas si facile de se tenir sur la pointe des pieds. On voit, sur le visage de l'enfant, la joie qu'il éprouve à maîtriser de mieux en mieux son corps.

Pendant longtemps, l'enfant monte les escaliers à quatre pattes, ou en se tenant fermement à la rampe. Ce n'est que vers la fin de la 3e année qu'il y arrivera, comme une grande personne, en changeant de pied à chaque marche.

façon notoire, à cet âge – en particulier en ce qui concerne la mémoire. La croissance du cerveau est pratiquement achevée dans le courant de la 4e année ; son poids n'est absolument pas déterminant pour le niveau intellectuel de l'homme. Par contre, la complexité des scissures est essentielle. Elle continue à se développer bien au-delà de la 4e année.

L'organisme de l'enfant est, dans l'ensemble, plus résistant. Le cœur et les poumons grossissent : les capacités physiques augmentent par là même ; elles dépendent plus de l'état du système cardio-vasculaire que de la force musculaire. Les capacités respectives du cœur et de la circulation sanguine sont les mêmes que celles de l'adulte – proportionnellement à la taille.

Il est très important que le corps soit soumis à des efforts physiques suffisants : ils favorisent le développement musculaire, ainsi que l'habileté et la maîtrise physique. L'enfant est heureux de se dépenser, et du même coup cela éloigne les risques d'embonpoint. Ne craignez pas de trop lui en demander : il sait se défendre instinctivement lorsqu'on dépasse ses limites. Veillez par contre à lui faire faire des pauses fréquentes entre des exercices fatigants : il existe une relation étroite entre le processus de maturation physique et le comportement.

Les progrès de la motricité, des facultés sensorielles et de la parole sont fonctions du niveau de maturité de l'organisme. Mais plus la maturation du cerveau se rapproche de son apogée, et plus ce parallélisme diminue. Le comportement de l'enfant se différencie et s'individualise.

La motricité s'affine

Lorsque la station verticale et la marche ne vont plus poser de problème à l'enfant, celui-ci va se livrer à toutes sortes d'acrobaties. Il court beaucoup, accentue ses virages, aime se balancer en équilibre sur un mur bas, sautiller et sauter, se tenir sur une seule jambe, grimper n'importe où... Au début de l'année, il monte les escaliers en posant toujours le même pied sur une marche, puis en amenant l'autre près du premier. Vers la fin de l'année, il monte et descend les escaliers comme un adulte, en ne se tenant même plus. Il peut sauter à pieds joints 20 centimètres en longueur et en hauteur. Il arrive à se servir d'un tricycle. Lorsqu'il veut soulever quelque chose, il ne s'accroupit plus, mais se penche en avant, les jambes pratiquement tendues. Il peut se tenir tranquille lorsque l'activité entreprise le demande.

Les mouvements sont mieux adaptés et conviennent plus précisément aux situations qui se présentent. Auparavant, le corps tout entier était mobilisé pour une activité, ce qui rendait la précision difficile. Il progresse maintenant dans ce domaine : il réussit des mouvements qui demandent beaucoup de concentration et une coordination des différents muscles et organes sensoriels.

A 2 ans, l'enfant peut enlever le couvercle d'une boîte, tourner les pages d'un livre, faire une tour à partir de plusieurs éléments de construction, introduire des pièces compliquées dans des ouvertures correspondantes, enfiler de grosses perles, et recopier des dessins simples. De plus, il peut se servir convenablement de certains outils, tels que ciseaux et couverts.

Dans le courant de l'année, il apprend à s'habiller et se déshabiller seul. Il peut mettre et défaire des boutons, porter un plateau légèrement chargé, essuyer des assiettes... sans trop de dégâts ! Il peut déjà commencer à se servir seul et entreprendre de petites tâches sensées. Les garçons et les filles sont aussi adroits les uns que les autres.

Droitiers et gauchers

Jusqu'à 2 ans, l'enfant utilise aussi bien sa main droite que sa main gauche. La latéralité ne s'affirme qu'entre la 3e et la 5e année.

Il n'y a encore pas si longtemps on obligeait, à l'école, les petits gauchers à se servir de leur main droite. Certains enfants qui agissaient, pour le reste, en gauchers y arrivaient très bien. Mais d'autres, outre qu'ils écrivaient mal, souffraient par la suite de troubles psychologiques. Ils n'arrivaient pas à écrire convenablement, se trompaient à la lecture de certains mots et de certaines syllabes, ou bien se mettaient à bégayer. C'est pourquoi on laisse maintenant les enfants écrire de l'une ou l'autre main, ce qui épargne des ennuis bien inutiles !

Aidez cependant l'enfant à développer l'usage de sa main « dominante ». Lorsqu'il sait bien se servir de celle-ci, exercez-le à se servir aussi de l'autre. Faites-lui, par exemple, rattraper une balle d'une main puis de l'autre, ou dessiner au tableau de grands cercles avec l'une et l'autre main. Il est important qu'il apprenne à se servir de ses deux mains à la fois, parce qu'il en devient plus adroit et parce qu'un accident peut un jour ou l'autre le priver momentanément ou assez longtemps de sa main dominante.

La plupart des outils sont prévus pour les droitiers. Ils sont donc plus difficiles à utiliser pour un gaucher, qui doit adapter ses mouvements pour en modifier l'usage. En outre, nous écrivons de gauche à droite. Celui qui écrit de la main gauche peut finir par souffrir de crampes dans le bras gauche, obligatoirement tordu. Son écriture demeure maladroite et imprécise. C'est pourquoi les gauchers n'atteignent en général que les 4/5 de rapidité d'écriture des droitiers.

Visites médicales

Cette année ne compte pas de visite médicale obligatoire. Emmenez toutefois votre enfant environ tous les 3 mois chez le médecin, même sans raison apparente. Celui-ci pourra éventuellement déceler à temps un trouble et le traiter. En outre, le médecin apprend ainsi à mieux connaître l'enfant, et ce dernier prend confiance en son pédiatre.

Une alimentation saine

Composition de l'alimentation

L'homme s'alimente parce qu'il a faim, soif, ou envie de manger. Cela lui permet de construire son organisme, de compléter les éléments dont il a besoin, d'assurer les échanges organiques indispensables à son énergie, de maintenir la température de son corps, de faire travailler ses muscles... Bref, la nourriture régit le processus de la vie.

On distingue différents éléments dans l'alimentation :

- Les protides, les matières minérales et l'eau servent à construire le corps et à renouveler ses cellules.

- Les lipides et les glucides lui donnent son énergie.

- Les vitamines et les matières minérales ont un rôle de protection et de régulation.

- Les épices et les aromates sont des excitants de l'appétit, mais ne font pas partie des éléments nutritifs.

Ces différents éléments, en proportions variées, sont essentiels au développement et au maintien de la santé du corps.

Besoins en calories :

Chaque cellule du corps libère de l'énergie lors des échanges organiques.

On prend pour valeur de base la quantité d'énergie dépensée par un homme au repos.

Cette quantité d'énergie se calcule en calories : une calorie est la quantité d'énergie nécessaire pour faire passer 1 cm^3 d'eau (1 g) de 14° 5 à 15° 5 C.
1 000 calories = 1 kcal.

Le besoin moyen en calories d'un adulte pour 24 heures est d'environ 1 650 kcal. S'il fournit un effort physique moyen, le besoin en calories passe à 2 000/2 400 kcal. S'il fournit un gros travail physique, la quantité de calories nécessaire peut être de 4 000 kcal.

Tableau 1
Besoin quotidien en différents éléments nutritifs

Age	Poids en kg	Calories kcal.	Protides en g	Lipides en g	Glucides en g	Eau 1 cm^3 = 1 g
2-3	13-15	1040 – 1300	33	42	150	1350 – 1500
4-6	17-21	1350 – 1600	43	50	190	1600 – 2000
Adulte	65-75	2000 – 2800	85	90	300	2000 – 4000

Outre l'activité physique fournie, l'âge, le sexe, la taille, le poids et la température ambiante déterminent la quantité d'énergie nécessaire à l'homme.

Le tableau 1 indique les besoins en calories des enfants.

Une remarque saute aux yeux : *l'enfant a besoin de plus de calories que l'adulte proportionnellement à son poids.* 80 kcal. pour l'enfant de

L'enfant a maintenant ses préférences alimentaires. Elles peuvent d'ailleurs varier d'un jour à l'autre. Sa façon de se tenir à table est encore plus sujette aux modifications : il voudra un jour que vous l'aidiez, et, le lendemain, il tiendra à se débrouiller tout seul.

2 à 3 ans, contre 40 kcal. pour l'adulte, par kilo de poids et par jour. Ceci s'explique par la quantité de mouvements et la croissance de l'enfant.

De nos jours, on a tendance à surestimer le besoin d'énergie réel. Le bien-être relatif et les tentations de la société de consommation sont deux facteurs qui développent chez beaucoup de parents la hantise d'avoir des enfants faibles ou sous-alimentés. C'est pourquoi il y a beaucoup de jeunes obèses : leurs cellules graisseuses sont plus nombreuses et plus importantes que celles des enfants pesant un poids normal. Les régimes amaigrissants sont temporaires et ne les empêchent pas de regrossir facilement ; il est difficile de maintenir un poids équilibré.

Valeur calorifique des différents éléments nutritifs :

Les aliments comportent, en différentes quantités, des protides, des glucides et des lipides... Les tableaux qui suivent vous aideront à établir ces quantités. Pour calculer la valeur en calories d'un aliment, il faut connaître celle
des *protides :* 1 g = 4,1 kcal. ;
des *glucides :* 1 g = 4,1 kcal. ;
et des *lipides :* 1 g = 9,3 kcal.

Voici un exemple : 100 grammes de pâté de foie contiennent environ 12 grammes de protides, 25 grammes de lipides et 8 grammes de glucides. La valeur en calories se calcule donc ainsi :

12 × 4,1 kcal. + 25 × 9,3 kcal. + 8 × 4,1 kcal. soit 314,5 kcal.

Protides

Les protides favorisent la croissance, la régénération et le maintien d'énergie. Ils sont donc, à la fois, des éléments de construction et de combustion.

Les éléments constructifs essentiels des protides sont les *acides aminés.* Certains d'entre eux sont si importants pour l'homme que celui-ci devrait en absorber quotidiennement. Les aliments protidiques, d'origine animale ou végétale, contiennent différentes combinaisons d'acides aminés. Les protides que nous absorbons sont utilisés dans le corps lors de sa dépense d'énergie : ils sont décomposés en acides aminés, trans-

Tableau 2
Valeur en calories, teneur en éléments nutritifs et en eau de différents aliments

Pour 100 g	Calories	Protides	Lipides	Glucides	Eau
Bifteck	175 kcal.	20 g	10 g	–	70 g
Salami	470 kcal.	20 g	42 g	–	30 g
Hareng	125 kcal.	19 g	12 g	–	68 g
Pain noir	235 kcal.	5 g	1 g	50 g	43 g
Pommes de terre	90 kcal.	2 g	0,1 g	20 g	77 g
Carottes	40 kcal.	1 g	0,3 g	8 g	87 g
Pommes	50 kcal.	0,3 g	0,3 g	11 g	85 g
Emmenthal	415 kcal.	27 g	32 g	2 g	36 g

formés, puis reconstitués en protides convenables pour l'organisme. Les protides d'origine végétale contiennent des acides aminés différents de ceux des protides d'origine animale. L'idéal est de couvrir nos besoins en protides par les deux catégories à la fois, en quantités équivalentes.

Cette répartition ne se justifie pas uniquement par nos besoins en protides, mais par ceux en vitamines et en matières minérales.

- Les protides d'origine *animale* sont contenus essentiellement dans la viande, le poisson, les œufs, le lait, les produits lactés (fromage blanc, fromage...).
- Les protides d'origine *végétale* sont contenus dans les noix, les céréales, les légumes secs, les pommes de terre...

La composition de l'alimentation doit tenir compte des différentes sortes de protides, en fonction de leur teneur en acides aminés qui doivent se compléter.

Voici quelques suggestions qui s'adaptent particulièrement bien aux besoins de l'être humain : pain et viande, lait et œufs, légumes secs et œufs ou céréales. La quantité de protides que l'on doit absorber quotidiennement est fonction de l'âge et du poids. Les enfants de 2 à 3 ans ont besoin de 2,4 g de protides par kilo de poids et par jour. Ceux de 4 à 6 ans, de 2,2 g par kilo de poids et par jour. Les adultes, de 1 g par kilo de poids et par jour. Il est aussi malsain d'en absorber trop que trop peu.

Les protides (contrairement aux lipides) ne peuvent être stockés dans l'organisme, c'est pourquoi leur prise quotidienne est si importante. Une carence en protides peut provoquer des troubles irréversibles. Certains adultes ayant vécu la guerre ont des souvenirs à ce sujet : l'organisme s'affaiblit, résiste mal aux attaques microbiennes ; les muscles fondent ; les enfants souffrent de l'« œdème de la faim ».

Glucides

Les glucides sont, avant tout, des facteurs énergétiques. Ils se rencontrent dans toutes les plantes, et proviennent de l'action conjuguée de la chlorophylle, du gaz carbonique et de l'eau (photosynthèse ou assimilation du carbone).

Les *féculents* et les *céréales* sont les principaux porteurs de glucides. Les différents types de sucre en sont riches également : sucre de raisin, de fruits (fructose), de malt (maltose) et de lait (lactose).

Le sucre et l'amidon sont brûlés par l'organisme pour tout effort musculaire : ils devraient donc constituer environ la moitié de l'alimentation quotidienne. Le gros avantage des glucides est d'être facilement assimilés et rapidement transformés en énergie. Vous avez sûrement noté à quel point vous recouvriez votre énergie en absorbant quelques sucres au milieu d'un violent effort musculaire. Le sucre est, en effet, immédiatement assimilé par l'estomac, et passe directement dans le sang.

Le pain complet, le pain de seigle, toutes les céréales, les pommes de terre, les légumes secs et les fruits sont particulièrement valables, car ils contiennent d'autres éléments essentiels en dehors des glucides, tels que vitamines et matières minérales. Lorsque l'on choisit le *pain* il ne faut pas oublier que la fleur de farine qui sert à la fabrication du pain blanc est pauvre en vitamines et en matières minérales. Le pain noir, le pain complet conviennent beaucoup mieux. Les pâtes, le pain blanc, les gâteaux, le sucre glace, la confiture, les bonbons, le chocolat, les crèmes glacées... ne sont pas très bons du point de vue de leur teneur en glucides. Ce serait toutefois une erreur que d'en priver complètement votre enfant. Mais ne lui donnez pas de gâteaux, de bonbons, ni de sucreries avant de se mettre à table : ils coupent l'appétit et perturbent le bon déroulement du déjeuner. Par contre, une sucrerie n'est pas interdite à la fin d'un repas !

Si votre enfant raffole de tout ce qui est sucré, vous pouvez toujours lui donner du fromage blanc ou des crèmes que vous enrichissez de lait, de crème fraîche, d'œufs, de cacao ou de fruits frais. Il aimera aussi beaucoup prendre un fruit ou une salade de fruits pour son dessert.

Mais il ne faudrait pas, non plus, abuser de glucides. Leur trop grande consommation entraîne la formation de dépôts graisseux dans l'organisme. Les sucreries en trop grande quantité sont également nocives pour les dents : les acides qui en dérivent déclenchent les caries, fréquentes de nos jours. Veillez, lorsque votre enfant en a absorbé, à ce qu'il se rince la bouche à l'eau claire.

Lipides

A côté des glucides, les lipides sont les autres grands facteurs énergétiques.

Les aliments d'origine animale ou végétale en contiennent presque tous, en plus ou moins grande quantité.

L'importance des graisses dans l'alimentation ne tient pas seulement à leur rôle lors de combustions maintenant la température du corps, ni à leur valeur énergétique lors de l'effort musculaire. Elles servent également – de façon déterminante – à l'élaboration des substances cérébrale et nerveuse.

Le beurre, la margarine, le saindoux, le lard, le fromage, les noix, la poudre de cacao, la charcuterie, les huiles d'origine animale ou végétale... sont particulièrement riches en lipides. Certains types de margarines, qui contiennent une grande quantité d'acides gras, sont fabriquées à partir de produits de haute qualité, puis enrichies en vitamines A et D. Selon des études récentes, elles sont les plus saines pour l'organisme.

Les lipides devraient entrer pour 30 à 35 % dans l'alimentation, soit 1/3 des calories. L'organisme n'a pas besoin de plus de 70 g de graisses par jour. Une quantité supérieure ne servirait qu'à constituer un dépôt de graisses dans le tissu dermique. Si la quantité de 60 g par jour et par personne se trouvait dépassée pendant longtemps, il se pourrait que l'organisme ne profite plus de certaines vitamines liposolubles (solubles dans les graisses) contenues dans d'autres aliments. 20 g de lipides, sous forme de graisses cuites ou crues, est une bonne quantité quotidienne. Les autres 40 g se retrouvent sous forme de « lipides combinés » dans les produits lactés, les pâtisseries, le chocolat, le poisson, la viande et surtout la charcuterie. Ainsi, il y a déjà 15 g de lipides dans un demi-litre de lait.

N'abusez donc pas du beurre ou de la margarine sur vos tartines, puisque vous utilisez des graisses et de l'huile sur vos rôtis et votre cuisine en général. De même, ne vous contentez pas d'un seul type de matière grasse : sachez utiliser aussi les différentes huiles et margarines végétales dans la composition de vos menus.

Matières minérales et oligo-éléments

• *Les matières minérales* n'ont aucune valeur calorique. Elles ont cependant une importance vitale, car elles participent à l'élaboration de l'organisme. Elles ont, comme les vitamines, leur fonction propre : on considère qu'elles servent à protéger les processus vitaux, car elles sont déterminantes dans le bon fonctionnement des échanges organiques.

Les matières minérales essentielles pour l'organisme humain sont le sodium, le chlore, le potassium, le magnésium, le calcium, le phosphore et le soufre.

Le calcium, le phosphore, le sodium et le magnésium servent à la constitution des os et des dents.

Le calcium, le chlore, le potassium, le magnésium et le sodium servent à maintenir dans l'organisme l'équilibre entre bases et acides.

Le sodium est indispensable pour maintenir la pression osmotique[1] dans le sang, tonifier les muscles et les nerfs, et éviter le désordre des fonctions cardiaques.

Le potassium lui sert, dans une certaine mesure, de contrepoids.

Le phosphore est primordial à la fois pour l'ossification, et pour compenser la dépense d'énergie de l'organisme.

Le chlore joue un rôle sur le suc gastrique, le sang, les vaisseaux lymphatiques, la vessie, la sueur et la peau. Il régularise les sécrétions des reins et de l'estomac.

Le soufre facilite les fonctions biliaires ; on le retrouve dans la salive, les cartilages et les cheveux.

Le potassium et le sodium sont liés au chlore ; on les trouve dans le sel de cuisine. Le besoin en sel est le premier des besoins en matières minérales, mais l'assaisonnement par le sel dépasse, en principe, les besoins effectifs de l'organisme. Même si vous cuisinez sans sel, les aliments en contiennent naturellement assez pour suffire à couvrir vos besoins. Un trop gros apport de sel est éliminé très rapidement chez l'homme bien portant par la sueur, l'urine et les selles.

Les aliments riches en protides, tels que l'huile, les matières grasses, le pain, les farineux, les légumes secs, les pommes de terre, les légumes crus, la salade et les fruits sont les principaux porteurs de calcium.

Le besoin en phosphore est couvert lorsque l'on absorbe suffisamment de lait et de produits lactés, de céréales, de légumes, de fruits et de légumes secs.

Le magnésium et le potassium se retrouvent dans tous les légumes verts.

• *Les oligo-éléments* sont nombreux dans les aliments d'origine animale ou végétale, en très petite quantité comme leur nom l'indique (oligos, en grec, signifie « peu nombreux »).

Les sept oligo-éléments essentiels sont les suivants : le fer, l'iode, le cobalt, le cuivre, le manganèse, le zinc et le mobybdène.

1. La pression osmotique est la pression exercée sur une membrane semi-perméable par une solution (ici le sang) dont le dissolvant (plasma du sang) peut seul traverser la membrane.

Le *fer* occupe la première place, car il joue un rôle déterminant dans la composition du sang. On en rencontre surtout dans les abats, la viande, la charcuterie, le poisson, la volaille, le pain complet, les flocons d'avoine, le riz non glacé, les légumes secs et les épinards.

L'*iode* se rencontre dans l'eau potable et les poissons de mer. Il existe toutefois des régions pauvres en iode, dans lesquelles l'eau doit être iodée artificiellement.

On trouve des traces de *zinc* dans presque tous les aliments, du *cuivre* dans les légumes et les fruits, du *manganèse* dans les céréales, les fruits et les noix.

Les matières minérales et les oligo-éléments sont tous solubles dans l'eau. C'est pourquoi vous devez toujours laver les produits qui les renferment avant de les couper, et ne jamais les laisser trop longtemps dans l'eau, sans quoi ils perdraient leurs éléments essentiels.

Gardez l'eau de cuisson des légumes (cuits à la vapeur de préférence) pour préparer une soupe ou une sauce. Vous conservez ainsi les vitamines et les matières minérales qui ne sont pas encore détruites, quoique ayant séjourné dans l'eau.

Composition des aliments

Le tableau qui suit vous donnera des indications chiffrées sur la composition des principaux aliments.

Il serait inutile de peser au gramme près chaque aliment de vos menus. Quelques pesées vous permettront toutefois de vous faire rapidement une idée et d'abandonner cet exercice fastidieux. Il serait tout aussi exagéré de vous référer continuellement à ce tableau pour donner à votre enfant la dose exacte de vitamines et de matières minérales.

Une nourriture diversifiée et équilibrée en quantité comme en qualité sera la façon la plus saine de vous nourrir, vous et votre enfant.

Tableau 3
Teneur en éléments nutritifs de différents aliments

Aliments pour 100 g	**Calories** kcal.	**Protides** g	**Lipides** g	**Glucides** g	**Autres éléments essentiels moins les vitamines**
Céréales - Farine - Pain					
Biscuits	370	10	4	71	250 mg sodium
					621 mg chlore
Corn-flakes	370	8	1	80	660 mg sodium
Farine de froment	365	12	2	73	440 mg potassium
					7 mg manganèse
Flocons d'avoine	390	13	7	66	350 mg potassium
					70 mg calcium
					80 mg magnésium
					5 mg manganèse
					460 mg phosphore
					410 mg soufre
Pain blanc	275	7	1	58	–
Pain complet	260	9	3	48	450 mg potassium
					600 mg sodium
					150 mg magnésium
					700 mg phosphore
Crack-pain	280	8	2	56	410 mg potassium
					190 mg sodium
					68 mg magnésium
					540 mg phosphore
Pain noir	235	5	1	50	800 mg sel
					320 mg potassium
Pâtes aux œufs	380	14	5	68	500 mg sel
Riz non glacé	360	5	1	80	560 mg potassium
					110 mg calcium
					250 mg magnésium
					1 600 mg phosphore
Sucre - Sucreries					
Chocolat	540	7	31	55	70-500 mg sel
					420 mg potassium
					80 mg calcium
					550 mg phosphore
Confiture	270	0,5	–	65	–
Miel	315	0,4	–	77	–
Sucre	405	–	–	99	–

Aliments pour 100 g	Calories kcal.	Protides g	Lipides g	Glucides g	Autres éléments essentiels moins les vitamines
Légumes - Légumes secs - Pommes de terre					
Asperges	14	1	0,2	2	–
Carottes	40	1	0,3	8	300 mg potassium
Céleris	35	1	0,3	7	340 mg potassium 110 mg sodium
Choux de Bruxelles	45	4	0,4	6	380 mg potassium 500 mg soufre
Choucroute	20	1	0,4	3	730-3 000 mg sel 500 mg potassium 730 mg sodium
Chou-fleur	25	2	0,3	3	–
Chou-rave	40	3	0,2	6	230-340 mg potassium 40- 74 mg calcium
Concombres	10	1	0,2	1	13-610 mg sel
Endives	20	1,5	0,1	3	400 mg potassium 100 mg calcium 25 mg fer
Epinards	23	2	0,3	3	500 mg potassium 90 mg calcium 55 mg magnésium
Haricots verts	45	4	0,2	7	300 mg potassium
Laitue	14	1	0,2	2	300 mg potassium
Lentilles	310	23	1	50	1 200 mg potassium 100 mg calcium 1 200 mg phosphore 700 mg soufre
Paprika	25	1	0,2	5	–
Persil	30	4	0,2	3	900 mg potassium 190 mg calcium
Petits pois	75	5	0,5	12	400 mg potassium
Radis	40	2	0,1	8	900 mg potassium 100 mg magnésium 400 mg soufre
Tomates	18	1	0,2	3	–

Aliments pour 100 g	**Calories** kcal.	**Protides** g	**Lipides** g	**Glucides** g	**Autres éléments essentiels moins les vitamines**
Fruits - Noix - Jus de fruits					
Abricots	35	0,8	0,1	8	300 mg potassium
Bananes	70	1	0,3	16	400-420 mg potassium
Cerises	70	1	0,4	15	–
Fraises	35	0,8	0,2	8	–
Jus de pommes	60	0,1	–	14	–
Jus de raisins	75	0,4	–	18	–
Mandarines	25	1	0,1	5	460 mg potassium 120 mg calcium
Oranges	30	0,8	0,1	7	–
Pêches	40	0,7	0,2	9	–
Pistaches	625	30	46	18	740 mg potassium 74 mg calcium 167 mg magnésium 377 mg soufre
Poires	60	0,5	0,3	14	–
Pommes	50	0,3	0,3	11	–
Prunes	70	0,7	0,1	16	–
Raisin	75	0,7	0,5	17	–
Raisin de Corinthe	300	2	0,5	70	700 mg potassium 80 mg calcium 60 mg magnésium
Graisses végétales et huiles					
Huile de palme	900	–	97	–	500 mg soufre
Huile de table	930	–	100	–	–
Margarine	795	1	85	0,4	1 500 mg sel 450 mg sodium 900 mg chlore
Mayonnaise	745	1,5	78	3	600 mg sodium

Aliments pour 100 g	Calories kcal.	Protides g	Lipides g	Glucides g	Autres éléments essentiels moins les vitamines
Viande - Poisson					
Cabillaud	75	16	0,3	–	340 mg potassium 100 mg sodium 400 mg phosphore 500 mg soufre
Cerf Chevreuil	105	20	2	1	340 mg potassium 10 mg fer 570 mg phosphore 530 mg soufre
Dinde	275	20	21	–	610 mg potassium 600 mg phosphore 420 mg soufre
Foie de veau	140	20	5	3	4 mg cuivre 390 mg soufre
Hareng	125	19	12	–	100 mg sodium
Jambon cru	340	15	30	–	3 300 mg sel 350 mg potassium 700 mg sodium
Pâté de foie	315	12	25	8	–
Porc	270	18	21	–	280-330 mg potassium 430 mg phosphore
Poulet rôti	105	17	9	–	–
Salami	470	20	42	–	8 000 mg sel
Saucisson	480	15	45	–	2 000 mg sel
Veau	165	20	9	–	–

Aliments pour 100 g	**Calories** kcal.	**Protides** g	**Lipides** g	**Glucides** g	**Autres éléments essentiels moins les vitamines**
Lait - Œufs - Produits lactés					
Beurre	775	0,7	83	0,6	700 mg sel 200 mg sodium 6 mg manganèse 330 mg chlore
Camembert	360	18	30	2	2 000-3 300 mg sel 340 mg sodium 680 mg calcium 500 mg phosphore 1 900 mg chlore
Emmenthal	415	27	32	2	2 000 mg sel 420 mg sodium 1 160 mg calcium 810 phosphore 450 mg soufre 1 200 mg chlore
Fromage blanc gras	190	20	10	4	440 mg phosphore
Fromage blanc maigre	85	17	1	2	440 mg phosphore
Lait entier	60	3	3	5	120-125 mg phosphore
Lait maigre	25	0,3	0,8	4	110 mg calcium
Œufs *(jaune)*	355	16	31	0,3	100 mg sodium 140 mg calcium 23 mg cuivre 1 300 mg phosphore 450 mg soufre
Œuf *(blanc)*	60	13	0,2	1	170 mg sodium 8 mg cuivre 700 mg soufre
Yaourt	70	4	4	4	120 mg calcium

Vitamines

Les vitamines sont des agents essentiels. Elles influent avec la plus grande efficacité sur les processus vitaux des cellules de l'organisme. Leur rôle de protection, de régulation et de complément, permet de les comparer aux catalyseurs chimiques qui, par leur seule présence, déclenchent une réaction. L'absence de certaines vitamines chez l'homme entraîne des carences graves.

On connaît, de nos jours, environ 40 vitamines. Les plus importantes d'entre elles figurent sur notre tableau 3 qui vous indique dans quel aliment on trouve telle vitamine, sa signification du point de vue biologique, ce qui se passe si le corps n'en reçoit pas suffisamment, et comment traiter les aliments vitaminés.

Les composants chimiques des vitamines sont les suivants : carbone, hydrogène, oxygène ; et parfois azote et soufre. Certaines vitamines, tout comme les protides, ne peuvent être stockées dans l'organisme. C'est pourquoi leur apport doit être constamment renouvelé. Le besoin en vitamines est plus élevé en hiver (en particulier pour lutter contre les refroidissements), durant la croissance, les crises de stress et la grossesse. Nous attirerons ici encore votre attention sur la nécessité de donner une nourriture variée, comportant les vitamines nécessaires.

Important :

- Certaines vitamines — telle la vitamine C — ne résistent pas aux fortes chaleurs. Ne pas les faire cuire, ni rôtir trop longtemps.

- Ne réchauffez pas les plats plusieurs fois.

- Les fruits et les légumes qui viennent d'êtres pressés doivent être bus sans attendre : leur teneur en vitamines diminue rapidement au contact de l'air.

- Lavez soigneusement, sous l'eau courante, les légumes, les fruits et les salades. En les laissant séjourner dans l'eau, vous leur feriez perdre une grande part de leurs sels minéraux et de leurs vitamines.

- Les fruits et les légumes doivent être consommés frais. Si on les laisse longtemps à l'air, ou si on les entrepose pendant des semaines à une température élevée, ils perdent leurs vitamines essentielles.

- Ne remuez pas outre mesure les aliments que vous faites cuire.

- Utilisez de temps en temps les tableaux de vitamines. Vous saurez ainsi faire figurer ces dernières en quantité suffisante dans les repas que vous préparez.

L'eau

Les 2/3 environ du corps humain sont constitués par de l'eau. Cette eau sert essentiellement à véhiculer la nourriture et à réguler la température. En outre, elle maintient la pression nécessaire dans les cellules, et nettoie le corps de ses impuretés. L'organisme serait rapidement empoisonné si l'eau — sous forme de sueur et d'urine — n'était plus là pour éliminer les éléments surabondants.

Les matières minérales sont liées à la présence de l'eau dans l'organisme, car elle en contient d'essentielles : 1 litre d'eau minérale contient plus d'un gramme de sels minéraux.

Plus un enfant est jeune, et plus son besoin quotidien en eau est élevé. En effet, les échanges organiques sont, comparativement, plus rapides chez l'enfant que chez l'adulte. Par ailleurs, en transpirant, il élimine plus d'eau que l'adulte, car sa peau — par rapport à son poids — occupe une surface proportionnellement plus grande que chez l'adulte. Le petit enfant a besoin de 3 fois plus de liquide par kilo de poids que l'adulte. A 1 an, on doit absorber quotidiennement entre 1 150 et 1 300 cm^3 de liquide. Entre 2 et 3 ans, de 1 600 à 1 800 cm^3.

La moitié environ des besoins quotidiens en liquide sont couverts par la boisson, le reste est contenu dans les aliments. Le pain, la viande, le poisson et le fromage renferment de 40 à 70 % d'eau. Les pommes de terre, les fruits et les légumes, 90 %.

La quantité de boisson que l'enfant doit absorber dépend naturellement de sa soif. N'assaisonnez que légèrement ses aliments, sinon vous lui donneriez une grande soif que seule une surabondance de liquide suffirait à étancher. Faites-lui boire des jus de fruits pauvres en calories, ou des tisanes, par exemple du thé à la menthe sucré, froid et parfumé au citron. Ne lui donnez ni boisson brûlante, ni boisson trop glacée.

Assaisonnements et épices

Dès 2 ans, l'enfant a déjà des goûts bien arrêtés. Vous pouvez en tenir compte, car le choix des épices et des assaisonnements est si vaste qu'il est facile de faire une cuisine à la fois saine et sapide[2].

Les épices sont des huiles éthériques, des alcaloïdes et des glucosides. L'attrait qu'ils exercent sur le goût et l'odorat ouvre l'appétit, favorise la formation du suc gastrique, ce qui rend les aliments plus digestes. Beaucoup d'épices ont un effet curatif : le fenouil et le cumin soignent les flatulences. Les autres plantes aromatiques contiennent des vitamines essentielles : la vitamine C, en particulier, entre dans beaucoup de plantes dont le persil, l'aneth (ou le fenouil), la sarriette, l'ail, le basilic, la sauge, le thym, le romarin, l'estragon, le citron, la ciboulette...

Trop de sel n'est pas bon pour les enfants. Certains ont une prédilection pour les aliments acides : vous pouvez très bien leur donner de temps à autre de la choucroute, des concombres ou de la salade de betteraves...

Une nourriture diversifiée

Les besoins de l'organisme ne se limitent pas exclusivement aux produits d'origine animale, ni à ceux d'origine végétale. Notre intestin est d'une longueur moyenne : il n'est ni aussi court que celui des carnivores, ni aussi long que celui des herbivores. Il nous faut donc une alimentation qui comporte des éléments vitaux contenus à la fois dans la viande et les végétaux. La viande nous fournit essentiellement les protides, les lipides et les sels minéraux ; les végétaux, les matières minérales et les vitamines.

2. Qui a de la saveur.

Une cuisine variée et bien pensée est la meilleure garantie d'une alimentation complète. Ayez surtout soin d'utiliser des aliments suffisamment riches en protides, et surveillez la consommation de lipides et de glucides. Les fruits, les légumes et la salade perdent beaucoup de leur valeur originelle s'ils sont soumis à un stockage prolongé. Il faudra donc — tous les jours — veiller à les servir « frais », qu'ils soient crus ou cuits.

Voici les grands points à respecter dans vos menus quotidiens :

• *protides :* lait, fromage blanc, fromage, viande, poisson, œufs ;

• *lipides :* huiles végétales, margarine ;

• *vitamines, matières minérales :* pain complet, lait, fromage, crudités, fruits, légumes, pommes de terre.

Depuis ces dernières années, on s'est intéressé de très près aux produits chimiques, aux engrais et aux hormones utilisés en culture et en élevage. On ne peut encore déterminer leurs effets à long terme. Toutefois, le contrôle de ces aliments est indispensable : certaines études ont révélé que sur 100 échantillons, 12 d'entre eux laissaient à désirer.

Gardez-vous de faire de mauvais achats. Ne prenez jamais un produit en trop grande quantité, sous prétexte que c'est « tellement plus économique ». Vous éviterez ainsi beaucoup de pertes. Par ailleurs, les magasins de régime vendent des aliments qui ne contiennent pratiquement aucun produit chimique, mais qui sont malheureusement chers. Toutefois, vous pouvez peut-être vous y fournir de temps en temps.

A quelle fréquence et comment s'alimenter ?

Il faut, en principe, prendre *3 repas principaux* par jour ; selon les besoins, on peut y ajouter 2 petits « en-cas », soit un le matin et l'autre dans le courant de l'après-midi. C'est l'organisme qui établit la façon dont seront répartis, sur ces 5 repas, les besoins en calories.

L'organisme supporterait mal d'avoir son besoin quotidien en calories réparti équitablement sur ces 5 repas. Il ne faut prendre, le soir, que des aliments faciles à digérer. En effet, on ne dépense pratiquement pas d'énergie pendant le sommeil, et une surcharge de calories ne ferait que se transformer en graisse. Par contre, le « coup de pompe » du matin s'explique trop souvent par un petit déjeuner incomplet. Il s'agit là, justement, du repas qui devrait être le plus riche et couvrir 1/3 à 1/4 du besoin quotidien en calories. Apprenez donc à votre enfant à bien se nourrir le matin. L'idéal serait que vous preniez ce repas tranquillement avec lui. Offrez, en alternant, de la charcuterie, du fromage, des œufs, du lait, des flocons d'avoine, du cacao, différentes sortes de pain, de la bouillie, des fruits, des jus de fruits, de la confiture, du miel... Vous servirez à l'enfant un en-cas dans la matinée, et un goûter dans l'après-midi. Le matin : un fruit, du pain, un jus de fruits frais, un yaourt ou du fromage blanc ; l'après-midi : une tasse de chocolat et une tartine suffiront.

Tableau 4 : Les vitamines et leur signification pour l'organisme

Vitamine	Origine	Importance pour...
A	Foie, huile de foie de morue, jaune d'œuf, lait, margarine, miel, épinards, persil, pissenlits, tomates, huiles végétales.	Vue, régulation des fonctions de la peau et des muqueuses, élévation de la défense contre les infections.
B_1	Viandes de porc et de bœuf. Foie, rognons, lard, levure, céréales. Pain complet, riz non poli, maïs, légumes, pommes de terre, fruits, noix.	Cellules et tissus nerveux Facteur de croissance et de prise de poids.
B_2	Foie, rognons, poisson, lait, œufs, céréales.	
B_3 = PP acide nicotinique	Viande, foie, poisson, levure, céréales, maïs, noix.	Echanges organiques.
B_6	Foie, viande, tripes, lait, levure.	Régulation des échanges des tissus. Formation d'enzymes.
B_{12}	Foie, lait.	Echanges organiques. Fonctions cellulaires.
C	Foie, lait, pommes de terre, cassis, persil, paprika, fruits et légumes frais.	Rempart contre l'infection. Formation du sang et des os. Activation des échanges cellulaires. Fortifiant.
D	Huile de foie de morue, jaune d'œuf, beurre, margarine, lait de vache, cacao, levure.	Calcification osseuse. Apport de calcium et de phosphore.
E	Viande, jaune d'œuf, lait, céréales, riz, huile de germe de blé, huile de lin, salades, arachides.	Musculation et tissu ligamentaire. Echanges organiques. Formation d'hormones.

En cas de manque	Caractères chimiques
Troubles de la vue (héméralopie[1]), modification des muqueuses, chute des cheveux, troubles dentaires, risques de cécité crépusculaire, troubles pendant la grossesse, risques d'infection. 1. Affaiblissement de la vision lorsque la lumière diminue.	Liposolubles[2] non solubles dans l'eau, stables à la chaleur, sensibles à l'oxygène et à la lumière. 2. Solubles dans les graisses.
Maladies graves du système nerveux (béribéri). Troubles de la grossesse. Anorexie. Irritabilité, fatigue, céphalées, troubles de la concentration.	Non liposolubles. Stables à l'oxygène. Solubles dans l'eau. B_1 est d'autant plus importante qu'il y a de glucides absorbés.
Troubles de la croissance chez le nouveau-né. Inflammation des muqueuses. Fatigue oculaire. Amoindrissement de la qualité visuelle. Troubles de la cornée.	Non solubles dans l'eau et les graisses. Stables à la chaleur, sensibles à la lumière.
Troubles du canal digestif. Troubles du système nerveux.	Solubles dans l'eau. Stables à la chaleur. Stables au stockage. Solubles dans l'alcool.
Convulsions du nouveau-né. Modifications dermiques. Anémie.	Solubles dans l'eau et l'alcool. Sensibles à la lumière. Stables à la chaleur.
Troubles du système nerveux et des organes hémopoïétiques[3]. 3. Servant à l'élaboration des globules rouges du sang.	Solubles dans l'eau. Stables à la chaleur jusqu'à 100° C.
Scorbut, anorexie, tendance aux hémorragies, tendance à l'infection. Constipation, céphalées.	Solubles dans l'eau. Sensibles à la chaleur. Sensibles à l'oxygène.
Rachitisme, troubles de la croissance chez le nouveau-né. Défaut d'émail des dents.	Liposolubles. Non solubles dans l'eau. Sensibles à l'oxygène.
Non établi.	Solubles dans les graisses. Non solubles dans l'eau.

Le déroulement des repas

L'enfant, dès 2 ans et demi, devrait prendre tous ses repas à table, ce qui présente beaucoup d'avantages pour vous et pour lui :

- le repas pris en commun incite les uns et les autres à se nourrir de façon équilibrée : c'est excellent pour l'estomac et l'intestin ;
- l'enfant s'habitue à un découpage régulier de la journée : cela lui sera plus tard très bénéfique ;
- il se sent, ici au moins, tout à fait inclus dans la société des adultes ;
- les repas favorisent l'échange d'informations intéressantes. Le père (tout au moins au petit déjeuner, et à midi le samedi et le dimanche) peut ainsi observer le comportement de son enfant et aborder ensuite en connaissance de cause tous les problèmes le concernant.

Il vous arrivera parfois de vous écarter de ces grandes lignes. Il peut arriver, exceptionnellement, que l'enfant ait pris son « 10 heures » un peu en retard et n'ait pas faim pour le déjeuner, ou bien qu'il déjeune en avance parce qu'il a envie de faire la sieste. Cependant proposez-lui de se mettre à table avec vous. Faites-lui bon accueil : il n'a pas toujours besoin de terminer complètement son assiette. Ni vous, ni lui ne savez exactement quel est son appétit. Il peut se lever de table avant la fin du repas, sinon il va commencer à s'agiter parce qu'il s'ennuie. Il a encore le droit de ne pas se tenir aussi bien qu'un adulte !

Voilà une activité qui n'a peut-être plus aucun charme à vos yeux. L'enfant, lui, adore jouer au « cuisinier ».

Le rythme de la journée : adaptation et autorégulation

Rythme des parents, rythme de l'enfant

Le rythme de la journée de l'enfant se rapproche de plus en plus de celui de la famille. Les heures des repas, de la veille et du sommeil peuvent se répartir de telle façon que l'enfant participe à presque toutes les activités de la maison. Et c'est pour lui un grand enrichissement. Dans beaucoup de pays méridionaux, les enfants se lèvent pratiquement aussi tôt que leurs parents, et se couchent en même temps qu'eux. Par contre, ils font généralement une sieste plus longue après le déjeuner.

Avouons que nous avons parfois tendance à exclure l'enfant du monde des adultes, à lui attribuer des horaires propres, sa chambre, ses activités bien à lui. Nous sommes alors très fiers de notre mode d'éducation, tout orienté vers l'enfant et qui le garde dans son cadre. Mais cela comporte le danger de l'enfermer dans son univers. Il nous arrive aussi de le coucher tôt, afin d'avoir la paix. Ne sommes-nous pas aussi très contents de savoir qu'il dort pendant que nous sommes à table ? C'est justement lorsqu'on règle — ou lorsqu'on croit devoir régler — toute sa journée sur celle de l'enfant que grandit le besoin de garder pour soi des heures libres !

Autorégulation et régularité

Un petit enfant en bonne santé est tout à fait capable de régler ses besoins vitaux. Il dort et mange suffisamment — un jour plus, l'autre moins — toujours selon ses besoins. Il se défend instinctivement contre le manque et contre la surabondance. C'est une faculté qui se maintient, même si les circonstances se modifient et deviennent défavorables. Seuls certains événements accablants d'ordre psychologique peuvent lui faire perdre momentanément cette faculté d'autorégulation.

Il ne faut donc jamais contraindre votre enfant. Renoncez, par exemple, s'il s'y oppose pendant quelque temps, à lui faire faire la sieste — ce qui est fréquent à cet âge-là. Il sera automatiquement fatigué plus tôt le soir, ou bien se réveillera plus tard que d'habitude le matin. Par contre, s'il dort « tout son saoul » après le déjeuner, il s'endormira tard dans la soirée. Une régularité contraignante compromettrait l'équilibre de l'organisme, au lieu de lui être utile. Ce qui ne veut, bien sûr, pas dire que la journée doit s'organiser « dans le désordre ». Un enfant qui ne pourrait pas, régulièrement, dormir ou s'alimenter, finirait par manquer de sûreté, voire se sentir négligé. La régularité lui donne un sentiment de sécurité ; elle lui permet de prévoir les différentes situations et les différentes étapes. Vous trouverez un juste équilibre en respectant le principe de « l'offre » et de la « demande ». Proposez-lui, par exemple, le repas à certaines heures définies. S'il n'a pas faim à cette heure-là, il pourra le prendre plus tard.

L'enfant apprend à se régler selon votre offre et le souvenir qu'il en a. Il considère les écarts comme une « exception ». Il apprend très tôt que les situations d'exception et une certaine souplesse dans les horaires ne conduisent pas nécessairement au désordre, mais servent, tout simplement, à satisfaire au mieux les besoins des uns et des autres. Il note que la régularité n'a pas de sens en elle-même, mais qu'elle est un moyen d'arriver à organiser et coordonner les activités de tous et de chacun. N'ayez pas peur de « gâter » votre enfant en introduisant quelque souplesse dans le déroulement d'une journée. Vous ne le rendrez ainsi ni égocentrique, ni tyrannique, mais calme et détendu. Il est sûr que ses besoins seront satisfaits en fonction de vos possibilités. Il apprend également à bien s'occuper par lui-même, dans la mesure où il bénéficie suffisamment de contacts divers au milieu des activités de l'ensemble de la famille. De votre côté, vous trouverez plus de temps pour vous, si vous laissez à votre enfant assez de liberté dans ses activités.

Quelques suggestions pour le déroulement de la journée

• Si vous êtes débordée le matin, parce que vous devez préparer le départ de votre mari, laissez votre enfant dormir jusqu'à ce que celui-ci s'en aille. Vous pouvez alors le coucher un peu plus tard le soir. Même s'il se réveille tôt, il peut rester tranquille dans son lit, si vous lui donnez un jouet ou un biscuit.

• Après la toilette et le petit déjeuner, voici le moment où l'enfant est le plus en forme. Il faudrait alors qu'il puisse s'ébattre au grand air. Il y gagnera l'appétit nécessaire pour apprécier le déjeuner pris à la table familiale. Après quoi, il joue encore un peu dans sa chambre, jusqu'à ce qu'il soit fatigué, ou regarde avec vous un livre d'images.

S'il ne veut pas faire la sieste, il peut toujours s'occuper tranquillement tout seul pendant une heure. Il faudrait qu'il joue, l'après-midi, aussi fréquemment que possible avec des enfants. Essayez d'établir un roulement, pour certaines heures et certains jours, avec des parents en qui vous avez confiance.

• Le soir, prévoyez des jeux calmes adaptés à ces moments de détente : livres d'images, construction... en un mot, des occupations qui demandent tranquillité et patience. L'enfant apprend alors à se suffire à lui-même et à se concentrer. Mettez-le ensuite au lit entre 20 et 22 heures.

La sieste peut maintenant poser bien des problèmes : l'enfant ne veut pas se mettre au lit, ni se déshabiller, ni interrompre son jeu... Mais si vous l'autorisez, de temps à autre, à s'endormir là où il a joué, il trouvera quand même le repos nécessaire.

Le milieu

La chambre d'enfant

Les vêtements

Les vacances : un moment essentiel dans l'année

La chambre d'enfant

L'enfant doit avoir son domaine bien à lui

Que la chambre d'enfant soit *la plus grande possible.* Mais si votre appartement est trop petit pour que vous donniez à votre enfant sa chambre à lui, installez-lui un coin suffisamment grand dans l'une des pièces.

Une chambre d'enfant ne devrait jamais être inférieure à 12 m². Toute cette place est nécessaire pour jouer convenablement (il lui faudrait au moins 2,50 m × 3 m). Dans beaucoup d'appartements, la chambre d'enfant est plus petite que celle des parents. Si c'est le cas chez vous, faites un échange, puisque votre chambre à coucher ne sert à rien durant la journée, tandis que la sienne est perpétuellement occupée. Bien sûr, ce sera pour vous une petite contrainte ; vous n'aurez pas beaucoup de place autour de votre lit.

Laissez l'enfant donner son avis pour le choix des meubles et des couleurs. Vous développez ainsi son autonomie, et lui rendez sa chambre plus attirante. Les autres pièces devraient, elles aussi, tenir compte de la présence de l'enfant. Ne laissez pas traîner vos vases de prix, ni aucun objet fragile. Ne mettez pas de nappes difficiles d'entretien... En d'autres termes, l'enfant doit pouvoir évoluer dans toute la maison sans se heurter en permanence aux interdits. Dans la mesure où il n'entend pas sans arrêt : « Ne touche pas à cela », « Fais attention », « Tu vas casser ce vase », « Ne mets pas partout tes doigts pleins de confiture »... il sera plus réceptif lorsque vous aurez, véritablement, à lui interdire quelque chose.

Un signe extérieur de l'égalité entre parents et enfants serait, par exemple, d'installer de la même façon la chambre d'enfant et la pièce destinée aux parents, et d'y mettre des meubles interchangeables : choisissez trois tables du même type, et de différentes tailles. Placez-en une ou deux dans le salon, et changez-les selon vos besoins. De même, prévoyez un « coin pour les parents » dans la chambre d'enfant, en y installant un fauteuil confortable. Vous pourrez vous y asseoir pour regarder jouer votre enfant, ou lire de votre côté tout en lui donnant un conseil de temps à autre.

Ne modifiez pas la chambre d'enfant sans lui en avoir parlé auparavant, sans — si l'on peut dire — « son autorisation ». Il apprendra ainsi très tôt que l'on doit respecter le domaine de chacun. Ne le grondez pas s'il accumule des « trésors » chez lui : de vieilles vis, des morceaux d'auto, de grandes boîtes, des pierres... Vous mettez bien, vous-mêmes, des objets dans votre maison, que les autres trouvent très laids, mais qui représentent quelque chose à vos yeux. Votre enfant doit avoir les mêmes droits !

Si vous habitez en ville, la chambre d'enfant doit être d'autant mieux arrangée. Si vous habitez la campagne, il y a toujours la possibilité de jouer en plein air.

Où doit être la chambre d'enfant ?

• Une chambre d'enfant devrait être à la fois claire et ensoleillée, orientée sud-est ou sud-ouest.

• Entre 2 et 3 ans, vous devez pouvoir entendre l'enfant. Il vient vous trouver fréquemment pour vous poser des questions et sentir votre présence. Sa chambre doit donc être aussi proche que possible de la pièce dans laquelle vous vous tenez le plus souvent, que ce soit la cuisine, le salon, ou votre bureau... Mais ceci présente un inconvénient : l'enfant risque d'être dérangé dans son sommeil par des bruits de vaisselle ou de conversation.

• Si vous occupez une maison, remédiez à ce problème en lui installant sa chambre à coucher au 1er étage, et son coin de jeu dans votre salon. Vers 6 ans, vous pouvez lui aménager une salle de jeu dans la cave où il recevra ses petits amis pour jouer, peindre et bricoler sans déranger qui que ce soit.

• Une chambre d'enfant doit être facile à aérer, car l'air pur est essentiel. Durant la journée, la température optimale oscille entre 19 et 21° C ; durant la nuit, 3 ou 4 degrés de moins sont souhaitables.

• Si vous habitez une rue très passante, ou à proximité d'une gare, donnez à l'enfant la pièce la moins bruyante.

Toutes ces conditions ne sont, bien sûr, pas toujours faciles à remplir simultanément. A vous de peser les avantages et les inconvénients des différentes situations.

Les couleurs de la chambre d'enfant

Il est scientifiquement prouvé que les couleurs sont déterminantes pour notre humeur et nos activités. Les couleurs des murs peuvent agrandir ou rétrécir une pièce. Reportez-vous au tableau.

• *Les murs*

Dans une pièce basse de plafond, choisir des murs de couleur claire. On évitera ainsi l'impression d'écrasement. Si la chambre est large, des couleurs plus intenses sont à conseiller.

Dans une pièce haute, vous pourrez mettre sur les murs un papier légèrement rayé horizontalement, et peindre le plafond d'une couleur plus sombre, pour le « surbaisser ». Dans l'ensemble, les murs devraient être d'une couleur de pastel chaud : ces tons mettent en valeur les dessins

Couleur des murs	
Effet de rétrécissement	*Effet d'agrandissement*
Rouge, bleu foncé, marron. Toutes les couleurs sombres.	Rouge clair, bleu clair, jaune, orange, blanc, rose. Toutes les couleurs claires.

Ce mobilier présente énormément d'avantages : chaleur du bois, structure aisément perceptible, multiplicité d'usages pour les jeux de rôles, stabilité, dimensions adaptées à la taille du petit enfant.

Quelques modifications, et cette table deviendra un merveilleux étalage de marchande de quatre saisons.

Voici une chambre qui convient tout à fait à un enfant, et qu'il pourra garder de nombreuses années.

faits par l'enfant. L'un des murs peut être peint d'une couleur plus foncée, ou recouvert d'un papier imprimé.

Durant les premières années, le rouge est la couleur de prédilection. L'important est toutefois de ne pas recouvrir de trop grandes surfaces de couleurs agressives, très énervantes.

- *Le sol*

Les tons neutres conviennent le mieux, car ils mettent en valeur les meubles de couleur.

Si la chambre est extrêmement haute, vous pouvez tendre du tissu sur le plafond en le « surbaissant », au lieu de le peindre d'une couleur sombre. Dans le cas de petites ou de grandes taches de couleur, pensez aux tons qui contrastent ou se complètent.

Voici des couleurs complémentaires, qui vont fort bien ensemble : jaune/violet, orange/bleu, rouge/vert, noir/blanc.

Les harmonies suivantes sont encore plus agréables : rose/gris, bleu/blanc, bleu clair/marron, jaune/noir, rouge/blanc, jaune/bleu, jaune/vert, bleu clair/noir.

Vous pouvez apporter une note de tons clairs dégradés par des rideaux ou des coussins. Mais vous pouvez aussi harmoniser des camaïeux allant du clair au foncé, par exemple pour le dossier, le siège et les pieds d'une chaise.

Le tableau n° 5 vous donne un aperçu des effets psychologiques des différentes couleurs, employées en grandes ou en petites surfaces.

Conseils pratiques pour l'installation de la chambre

Dans sa chambre, l'enfant doit pouvoir jouer, se démener, barbouiller des couleurs... Alors, renoncez aux meubles « fragiles » ! Tâchez de trouver des meubles anciens, pratiques, que vous peindrez de couleurs gaies.

• *Le lit*

Jusqu'à 2 ou 3 ans, l'enfant peut conserver son petit lit à barreaux. Mais tôt ou tard, il faudra le remplacer. La solution du « lit kangourou » est excellente : il grandit avec l'enfant ; le petit lit à barreaux se transforme en divan pour adulte (90 cm × 180 cm ou 200 cm). Plusieurs fabricants vous le proposent.

N'achetez pas de lits superposés, qui sont trop dangereux à cet âge. Les lits gigognes sont à la fois sûrs et peu encombrants pour une chambre à deux : le plus bas et le plus petit se glisse sous le plus haut et le plus grand.

• *La literie*

Utilisez un matelas avec une housse amovible, des alèses de caoutchouc et de molleton, une couverture, un oreiller très plat. Un édredon n'est plus dangereux à cet âge-là.

• *Armoires et étagères*

L'enfant n'a pas encore besoin d'une grande penderie.

Il lui faut surtout beaucoup de place pour ses jouets. Les étagères sont bien pratiques, de même que des armoires que l'on peut compartimenter à sa guise, et qui deviendront plus tard des penderies.

Il existe des meubles spéciaux pour enfants, qui se composent d'éléments en forme de caisses.

Mettez sur les étagères ou dans les armoires des boîtes plutôt que des tiroirs. Elles sont plus pratiques pour ranger le petit matériel : crayons, pinceaux, cubes, cailloux...

• *La table et les sièges*

La table ne doit pas avoir d'angles vifs.

Ne mettez dans la chambre que des meubles à la fois stables et faciles à déplacer, car l'enfant aime s'en servir pour se construire une maison, un bateau ou un camion...

Des tabourets en forme de dés sont parfaits dans ce cas. Nous vous déconseillons les chaises pliantes. Elles existent en petite taille, mais présentent de gros inconvénients : elles se referment facilement, et l'enfant risque de s'y trouver coincé ou de s'y pincer.

La hauteur du siège et celle de la table doivent être adaptées : 25 à 30 cm pour le siège ; 45 à 50 cm pour la table.

• *Les murs*

Prévoyez des murs sur lesquels une tache ne soit pas un drame. Choisissez donc un papier, ou une peinture, lavable, et offrez à l'enfant un mur sur lequel il aura le droit de faire ce qu'il veut : vous pouvez acheter une planche de contreplaqué, montée sur un cadre, et peinte avec

Tableau 5
Effets des couleurs en grandes et petites surfaces

Couleurs	Petites surfaces (meubles)	Grandes surfaces (murs, sols, tapis)
Orange	Rend attentif	Dynamique, stimulant, parfait pour un mur
Rouge clair	Agréable, stimulant	Agressif, excitant
Rouge moyen	Optimiste, met les objets en relief	Agressif, excitant, effet optique de rétrécissement sur des murs isolés
Rouge foncé	Un peu oppressant	Oppressant
Jaune clair	Agréable	Eveille, éclaire la chambre, crée une atmosphère détendue
Jaune foncé	Chaud	Chaud, agréable (surtout pour un revêtement de sol)
Jaune acide	« Empoisonné »	Désagréable, heurtant
Tilleul	Printanier	Importun
Vert foncé	Apaisant	Lénifiant, puissant, bon pour reposer les yeux (rideaux)
Turquoise	Surprenant, excitant	Agressif, froid, à déconseiller
Bleu pâle	Très supportable, se mêle bien à d'autres couleurs	Frais, parfait dans une pièce sombre
Bleu roi	Froid, pratique, propre	Impersonnel, sérieux
Bleu marine	Ennuyeux	Calme, équilibrant
Rose	Appétissant, doux	Inexpressif
Parme	Agréable, agrandit	Froid, inexpressif
Violet	Attirant, intéressant	Déprimant, soporifique
Marron	Manque de dynamisme	Oppressant, massif, immobile
Gris	Plat, ennuyeux	Neutralisant, pratique, ennuyeux
Noir	Met en valeur les autres couleurs	Triste, oppressant

une peinture spéciale comme les tableaux des classes. Prévoyez en bas du cadre une gouttière qui recueillera la poussière de craie. L'enfant pourra aussi y accrocher des dessins, des cartes postales et d'autres objets qui lui plaisent.

• *Le sol*

L'idéal est de le recouvrir de dalles de moquette. Elles sont chaudes aux pieds et peuvent se remplacer facilement par endroits. Choisissez une moquette à poils ras pour que l'enfant puisse bien y faire rouler ses jouets.

• *Les fenêtres*

Les fenêtres basculantes sont celles qui offrent un maximum de sécurité. Dans les autres cas, prévoyez un grillage.

Si vous n'avez pas de volets, fixez tout simplement un rouleau de papier devant la fenêtre : cela ne vous coûtera pas cher, vous le tirerez lorsque l'enfant dormira, et pourrez en outre le peindre.

• *L'éclairage*

Nous vous recommandons les lampes type « lampe de bureau », que l'on peut déplacer et orienter. Elles se mettent partout, et sont donc extrêmement pratiques. Les éclairages au plafond ne doivent pas éblouir, mais dispenser une lumière chaude.

Toutes les prises doivent – bien sûr – être protégées par des cache-prises, pour que l'enfant ne risque pas d'y mettre les doigts, ou une tige métallique.

Et voici encore quelques conseils :

– Vous pouvez fixer sur une prise une petite lampe minuscule (genre prise double) qui diffusera, la nuit, une lumière verte.

– Avec des restes de tissus de toutes les couleurs, fabriquez des petits cousins originaux, par exemple en forme de poisson, de bateau, de coccinelle... Les coussins ne sont pas nécessairement ronds ou carrés !

– Mettez dans la chambre une corde à nœuds, une petite échelle, ou un portique. Les portiques d'intérieur se composent d'une corde, d'une balançoire et d'une barre fixe, avec un matelas en dessous. Apprenez à l'enfant à s'en servir, puis laissez-le tranquillement l'utiliser.

– Il existe des animaux très gais et pratiques, faits de toile de bâche, dans lesquels l'enfant peut ranger toutes ses affaires.

– Construisez éventuellement une petite estrade dans un coin. Vous pouvez la faire avec des caisses, ou avec une vieille table dont vous aurez scié les pieds. Mettez la table de l'enfant à côté. Il disposera ainsi d'une « scène », et pourra donner des représentations. Lorsqu'il s'assiera par terre, elle lui servira de table.

– Trois planches bien lisses d'environ 2 m × 1 m fourniront de nombreuses possibilités de jeux. Elles peuvent être un toboggan pour lui ou pour ses jouets, une route, des éléments de construction...

– Des tubes de plastique (diamètre 8-12 cm ; longueur : 1-2 m) l'amuseront aussi beaucoup. Il peut y faire passer des objets, regarder au travers, et envoyer des messages !

Les vêtements

Voici les vêtements dans lesquels l'enfant se sentira le plus à l'aise

Les enfants aiment bien se traîner par terre. Il vous faut en tenir compte : lorsque vous achetez un vêtement, pensez qu'il doit pouvoir se laver facilement en machine. Il doit en outre être fait dans un tissu suffisamment aéré pour laisser la peau respirer. Dans le cas contraire, il y a de grands risques de refroidissement, car la peau se recouvre alors d'un film d'humidité qui l'empêche de se réchauffer.

Les fibres naturelles sont les plus agréables à porter : coton, laine, fil, et tissus composés de ces trois éléments. Les fibres synthétiques, telles que dralon, perlon, nylon... sont à déconseiller pour les vêtements d'enfants. Il peut toutefois y avoir jusqu'à 30 % de fibres synthétiques, dans la mesure où l'enfant le supporte.

Il est bien évident que les tissus doivent être solides. Vous pouvez renforcer les genoux des pantalons avec des pièces de cuir. Et les ourlets permettent aux vêtements de « grandir » avec l'enfant ! Pensez aussi, lorsque vous achetez un vêtement neuf, que votre enfant grandit vite et qu'il ne pourra pas le porter longtemps. Dans le cas où vous avez plusieurs enfants, évitez de passer éternellement au plus jeune les vêtements de l'aîné : le petit finirait par se sentir lésé et par faire preuve de jalousie et d'agressivité à l'égard du plus grand.

• *Couleurs et motifs*

Efforcez-vous de combiner des ensembles harmonieux. Choisissez les tons de base de la garde-robe à partir de ceux des cheveux et de la peau de l'enfant. Faites les achats suivants en tenant compte des couleurs déjà existantes.

Les couleurs vives et gaies, les motifs amusants sont tout particulièrement appréciés. Pour vous, c'est moins salissant que les couleurs claires. En outre, il y a là un aspect « sécurité » : on voit mieux votre enfant.

Les motifs doivent s'adapter à la coupe du vêtement et à la taille du porteur : les petites impressions vont toujours mieux à un enfant que les grosses.

Laissez souvent votre enfant choisir la façon dont il veut s'habiller, mais proposez-lui seulement des vêtements qui vont ensemble.

• *Des vêtements pour toutes les circonstances*

Pour que l'enfant puisse tranquillement se traîner et courir, il lui faut des vêtements qui lui laissent une entière liberté de mouvements : pas de ceintures serrées, ni de culottes trop étroites, ni d'élastiques trop rigides... Les jupes et les robes ont l'inconvénient de s'accrocher facilement.

Pour le printemps et l'automne, les salopettes, pantalons à bavette, sont idéales pour garçons et filles. On en trouve en coton, en jean, en lin, en velours et en éponge. L'enfant mettra par-dessous un tee-shirt, une chemise, ou un pull over léger à manches courtes ou longues. S'il fait froid, on lui ajoutera pour jouer dehors un bon pull-over ou un cardigan.

Pour l'été, l'enfant se sentira très à l'aise dans un bloomer de coton : c'est une culotte bouffante et courte, serrée à la taille et aux cuisses par un élastique.

Pour l'hiver, ajoutez un collant chaud sous la salopette, et un gros pull-over pour jouer en plein air. Un survêtement sera plus pratique qu'un manteau, car il laisse plus de liberté de mouvements, est plus près du corps et très facile d'entretien. Les jours de grand froid, il faudra toutefois prévoir un bon manteau ou une combinaison molletonnée. Lorsque vous achetez un manteau, pensez, là aussi, que l'enfant a besoin de s'agiter ! Les manteaux larges avec capuchon et les ponchos sont à la fois chauds et pratiques. Il vous faudra aussi prévoir une paire de moufles, qui peuvent éventuellement être retenues par un long cordon passant par les deux manches, afin d'éviter de les perdre. Un bonnet couvrant les oreilles, une écharpe de laine et une housse chaude pour protéger les jambes de l'enfant dans sa poussette.

Pour la pluie, l'enfant sera bien protégé dans un ciré, avec un chapeau à larges bords, ou dans une cape avec capuchon. Ce vêtement ne laisse certes pas respirer la peau, mais il ne se porte pas longtemps. Un anorak est également bien imperméable, mais il laisse les jambes découvertes.

Pour dormir, nous vous recommandons les pyjamas d'éponge ou de jersey. Il en existe d'une seule pièce, ou avec une culotte qui s'attache sur le haut. Ces deux solutions sont meilleures que les chemises de nuit, car elles évitent à l'enfant de se refroidir en se découvrant.

• *Les chaussures :* laissez l'enfant, autant que possible, les pieds nus. Les muscles se renforcent lorsque le pied peut bien se tourner dans tous les sens et que les orteils cherchent un point d'appui. En outre, l'air libre est très sain. L'enfant peut rester pieds nus presque partout : sur le tapis, le gazon, le sable...

Mais il lui faut tout de même des chaussures pour sortir. Choisissez-les avec beaucoup de soin, car elles déterminent le bon développement des pieds et la position du corps. Les os des pieds ne sont pas encore complètement formés : de mauvaises chaussures peuvent donc provoquer des troubles irréversibles. Les chaussures montantes sont tout à fait recommandées, car elles évitent une torsion des petites chevilles. Le cuir qui les recouvre doit être souple et aéré, la semelle flexible. Comme la plupart des enfants marchent les pieds légèrement tournés vers l'extérieur, les talons devraient être renforcés pour corriger cette attitude. Ces petits défauts disparaissent généralement d'eux-mêmes, et l'on peut attendre 4 ans pour envisager un traitement véritable. Vérifiez tous les mois environ s'il reste bien 1 cm entre le gros orteil et le bout de la chaussure : c'est l'écart nécessaire.

Les bottes de caoutchouc ne sont pas très saines, car elles gardent le pied dans son humidité. Elles sont pourtant bien pratiques pour « patauger », mais ne doivent pas être portées plus d'une heure et demie d'affilée.

Les vacances : un moment essentiel dans l'année

Les vacances et leur signification

Vous pouvez, maintenant, emmener tranquillement votre enfant avec vous. Le changement de cadre lui offre la possibilité de nombreuses découvertes qu'il ne ferait pas à la maison. Il profite, par exemple, du plaisir de courir dans l'herbe, de barboter dans l'eau d'un ruisseau, de jouer sur une plage... Et, par-dessus tout, il bénéficie de la présence d'un père qui ne s'en va pas tous les matins, qui est disponible pour jouer, raconter une histoire, faire des découvertes avec lui...

De ce point de vue-là, peu importe l'endroit où vous allez. L'essentiel est que l'enfant puisse donner libre cours à sa curiosité et à sa fantaisie.

Le voyage

• Si vous voyagez en *auto*.

Si vous vous rendez dans un lieu situé à 4 ou 5 heures de voiture, le mieux est de rouler pendant les heures de sommeil de l'enfant. Installez-lui sur la banquette arrière une couchette confortable et sûre. S'il se réveille en cours de route, l'un des parents pourra s'en occuper. C'est pourquoi il s'impose que l'un des deux s'installe à l'arrière.

Si le voyage est plus long, il faudra absolument prévoir des arrêts pour lui faire prendre l'air. Les enfants sont plus sensibles que les adultes au manque d'oxygène.

Prévoyez pour la route des petits gâteaux, des bananes... aucune nourriture grasse. Ceci vaut aussi pour les adultes ! Donnez-lui une nourriture légère dès la veille du départ.

• Si vous voyagez par le *train*.

Partez de préférence de nuit, et en couchette. Ce sera à la fois plus agréable et moins fatigant pour tout le monde. En outre, il est plus difficile d'allonger l'enfant si vous voyagez de jour. Veillez à ce qu'il ne s'ennuie pas. Prévoyez des jeux de mains, des histoires... Emmenez-le un peu se promener dans le train, pour qu'il puisse se détendre. Il y a grande chance pour qu'il s'amuse beaucoup dans cette « maison roulante ». Montrez-lui comment tout fonctionne, comment défilent un paysage, des arbres, comment marche le train...

Mais ne le laissez jamais seul, même un court instant. Il ne connaît rien à ce milieu nouveau et pourrait s'affoler s'il ne vous trouvait plus.

• Si vous voyagez en *avion*.

Avant de décider un voyage en avion, emmenez votre enfant chez un médecin, car il peut souffrir des changements d'altitude malgré la pressurisation de l'avion.

En général, l'avion est le mode de transport le plus pratique pour les enfants à partir d'un an. Evitez toutefois les vols de plus de 4 heures et ne montrez jamais aucune appréhension devant lui.

Où pouvez-vous aller ?

Voici les points à étudier lorsque vous prévoyez un voyage.

• *Un climat sain.*

Si le médecin n'a rien prescrit de particulier, une région de montagne peu élevée ou un bord de mer au climat tempéré seront parfaits.

La haute montagne ou une mer froide conviennent moins bien à l'enfant de 2-3 ans, à moins que le séjour soit d'au moins 4 semaines, et que l'organisme ait le temps de s'y accoutumer.

Il faudra également éviter les températures trop élevées et le soleil trop fort. Les régions très chaudes fatiguent le petit organisme qui est, en outre, assez sensible aux infections intestinales.

• Des possibilités convenables de *baignades.*

L'eau doit être au moins à 24°, et le rivage en pente douce, pour que l'enfant puisse s'amuser sans danger.

On trouvera toutes ces conditions réunies sur une grande plage de sable, ou sur les bords d'un lac. Les plages de galets ou de rochers ne conviennent pas.

• *Alimentation.*

Nous vous déconseillons, dans les pays méridionaux, de préparer vous-mêmes les repas de l'enfant : les fruits et les légumes sont souvent porteurs de microbes. Achetez plutôt des repas tout préparés, du lait cacheté. Prévoyez, avant de choisir votre lieu de villégiature, si cela vous sera possible. Et renoncez aux endroits qui ne présentent pas ces avantages.

• *Un médecin.*

Assurez-vous de pouvoir toujours joindre un médecin.

Partez dans un pays dont vous connaissez la langue, c'est tout de même plus pratique. En cas contraire, renseignez-vous sur la présence d'un interprète. Ce serait une grosse négligence de voyager avec un petit enfant et de ne pas pouvoir, le cas échéant, vous expliquer avec le médecin.

En cas d'accident, ou de maladie survenant brusquement, vous bénéficiez, pour les pays du marché commun (Belgique, Luxembourg, Pays-Bas, Allemagne fédérale, Italie, Royaume Uni, Irlande, Danemark), du régime de Sécurité sociale du pays dans lequel vous vous trouvez.

Pour faire valoir vos droits dans ce pays, demandez à votre Caisse primaire une attestation spéciale (formulaire E 111), en présentant vos bulletins de paye des trois derniers mois précédant la date de votre départ. Si vous avez omis de réclamer cette attestation, ou si vous l'avez perdue, vous pouvez, en cas de maladie ou d'accident, prendre contact avec l'organisme d'assurance maladie de votre lieu de séjour, qui établira l'imprimé nécessaire au remboursement de vos frais.

Il n'y a pas d'accord avec les autres pays : tous les frais médicaux sont à votre charge. Vous pouvez cependant vous adresser à votre assureur et cotiser, pour la durée de votre séjour à l'étranger, à Europe-Assistance qui vous rapatriera gratuitement à votre domicile en cas de maladie ou d'accident.

• *La meilleure époque.*

Profitez du fait qu'un petit enfant ne vous oblige pas à partir pendant les vacances scolaires. Les plages sont plus calmes en basse saison, les prix moins élevés et les températures souvent plus agréables.

Surtout, ne le fatiguez pas

Ne manquez pas de prudence lorsqu'il s'agit de grand air et de soleil. Vous avez sûrement sorti votre enfant déjà régulièrement, avant les vacances. Mais il doit s'habituer très progressivement aux nouvelles conditions climatiques. Ne le laissez pas, les premiers jours, trop longtemps au soleil. N'oubliez pas de lui couvrir la tête : un petit chapeau à bords conviendra parfaitement. Mettez-lui également, pour commencer, un short et une chemisette de fil ou de coton. Plus tard, vous pourrez le laisser tout nu, mais allez-y progressivement. Il y a toujours, au bord de l'eau, une légère brise qui cache la force du soleil. L'enfant risque alors d'attraper un coup de soleil, ou une insolation. Ne le laissez jamais jouer aux heures les plus chaudes en plein soleil. N'oubliez pas, non plus, de lui mettre de la crème.

Ne le laissez pas se baigner moins d'une heure après les repas : l'organisme est alors fatigué par la digestion.

Il est en outre important de conserver, dans les grandes lignes, le rythme de vie habituel.

Nous vous déconseillons vivement les promenades trop longues en voiture, ou dans les bras. Evitez également les jeux qui, loin d'éveiller, ne feraient qu'exciter.

Pour les petits citadins, les vacances passées dans une ferme sont idéales. Ils découvrent une foule d'animaux, peuvent observer différentes activités et rester dehors du matin au soir.

Il n'y a pas que la mer qui attire l'enfant : il sera aussi content au bord d'un lac de montagne, d'un étang en lisière de forêt, ou d'une piscine.

Important

Lorsque vous allez à l'étranger, il vous faut, selon le pays dans lequel vous vous rendez, une carte d'identité, un passeport pour vous et votre enfant, un laisser-passer, ou encore un visa... Renseignez-vous auprès de votre agence de voyages.

Renseignez-vous également auprès de votre Caisse d'Assurance Maladie pour savoir quelles démarches vous devez faire si l'enfant tombe malade, ou a un accident à l'étranger (voir plus haut, p. 52). Ne risquez pas de vous trouver pris au dépourvu en cas de dépenses inattendues. Munissez-vous de traveller's cheques, de chèques de voyage, ou d'Eurochèques.

– Les *traveller's* sont en devises.

– Les *chèques de voyage* sont en francs français.

– Les *Eurochèques* fonctionnent de deux manières :

• chèques eurochèque et carte eurochèque ;

• chéquier normal et carte bleue internationale.

Les chèques Eurochèque, présentés avec la carte Eurochèque, sont acceptés par les agences des banques de 40 pays européens et du bassin méditerranéen et dès maintenant par les commerçants allemands, belges, danois, espagnols, finlandais, hollandais, luxembourgeois et bien sûr français.

Vous trouverez les renseignements utiles à votre banque qui vous conseillera au mieux de vos intérêts.

Prenez quelques médicaments pour pouvoir soulager l'enfant en cas de légère indisposition : suppositoires fébrifuges, comprimés contre les maux de tête, pommade cicatrisante, produit contre les piqûres d'insectes, contre les infections de l'estomac et de l'intestin, ainsi qu'une petite trousse de première urgence.

Mais cherchez également un médecin sur place.

Portez toujours sur vous l'adresse d'amis ou de parents qui pourront venir en aide à l'enfant, au cas où vous auriez un accident.

Pensez à retenir vos places si vous devez prendre le train.

L'évolution psychologique

L'enfant devient
une personnalité autonome

Troubles dans le jeu
et les contacts avec autrui

L'enfant découvre
de nouveaux jeux

L'enfant devient une personnalité autonome

La perception

Le processus de la perception. Les organes sensoriels sont comparables à des antennes. Ils permettent à l'homme de s'orienter dans le milieu qui l'entoure.

La perception n'est pas une démarche passive, qui consisterait en une transmission immédiate vers le cerveau d'impulsions physiques. Il s'agit bien plus d'une « approche sensorielle » du milieu. Nous enregistrons essentiellement ce qui nous intéresse directement.

Nos sens ne nous permettent pas une perception *objective* de la réalité : ils sont influencés par nos expériences et nos aspirations propres. Prenons un exemple : dans une même forêt, le garde-forestier verra si les arbres sont sains ou malades, le marchand de bois s'ils sont commercialisables, tandis que le promeneur profitera de la beauté et de l'ombre offertes.

La capacité fonctionnelle des yeux, des oreilles et des autres sens, ne suffit pas à prendre conscience. Les organes sensoriels ne sont que les récepteurs d'impulsions qu'ils transmettent au cerveau. Ces impulsions sont alors enregistrées et évaluées à partir des expériences déjà acquises. « Le monde visuel n'a pas de sens quand on le regarde pour la première fois. On apprend à *voir* la signification des choses. »

Le développement de la perception, pour l'enfant, est donc un processus au cours duquel se perfectionne continuellement l'activité analytique et synthétique du cerveau. Ce processus ne s'arrête jamais : les adultes sont encore attentifs à percevoir de nouveaux signaux optiques ou acoustiques, ou des nouveautés en matière de goût, d'odorat et de toucher.

Développement de la perception optique. Durant la 3e année, l'enfant développe continuellement sa capacité de perception. Il apprend à distinguer des détails, à établir des relations entre divers éléments, et à pénétrer les multiples aspects d'un objet. Il ne pouvait pratiquement pas, jusque-là, observer longtemps un objet sans faire usage de ses mains. Les perceptions *optiques* se détachent maintenant progressivement des impressions tactiles, car l'enfant a acquis un certain nombre d'expériences auxquelles il peut se référer, ce qui facilite sa connaissance d'un objet. Il peut saisir « d'un seul regard » des objets familiers. Les yeux ne sont plus guidés par les mouvements des mains, ils les contrôlent. L'enfant prend maintenant les objets en main de façon à pouvoir mieux les examiner.

La perception optique prend donc progressivement le rôle dominant qu'il tient chez l'adulte. Pour découvrir de nouveaux objets, l'enfant utilise encore tous ses sens, tels le goût et l'odorat. Il passe de plus en plus de temps à examiner objets et images. Ses yeux ne semblent plus errer sans but comme auparavant. Il dirige son regard consciemment et découvre les processus d'observation et d'expérimentation. Au début, il approche ce qu'il voit avec les mains. Puis, il ne se sert plus de ce support qu'il remplace par des mots. Ses progrès verbaux lui servent, dans une grande mesure, lors de ce processus d'orientation et de différenciation. Il peut ainsi délimiter les caractéristiques des différents objets et, à l'aide des mots, distinguer les données propres à tel ou tel objet et celles qui ne le sont pas.

En d'autres termes, il sait reconnaître des objets qu'il voit pourtant à une distance différente, sous un autre angle et un autre éclairage. Il s'établit donc un système de relation de plus en plus précis. Il voit les objets pratiquement « tels qu'ils sont » et fait la distinction entre la réalité et l'imagination.

Perception et mise en application. Des recherches ont pu établir que la qualité de la perception dépendait de la *motivation* et de l'*intérêt* à l'égard de l'objet considéré.

Ainsi, l'enfant découvre plus facilement et plus rapidement une brèche dans un cercle s'il est en train de jouer au chasseur et doit trouver le passage par lequel l'animal capturé arrivera à s'échapper. Le même fait s'observe lors de perceptions à l'aide des autres sens. La capacité de perception peut donc progresser grâce à des exercices réclamant une certaine dose d'attention. (Le Programme du développement vous aidera à trouver les exercices qui conviennent.)

Certaines expériences ont également permis de réfuter la théorie selon laquelle l'enfant s'orientait avant tout d'après la couleur de l'objet : il reconnaît dès maintenant, en premier lieu, son caractère distinctif – couleur ou forme – qui permet de l'identifier. Il peut donc déterminer de petites différences de teintes s'il ne se concentre que sur la couleur. Mais il est parfois davantage influencé par l'idée qu'il se fait de l'objet que par ce qu'il voit en réalité. Il verra peut-être « blanche » une poule peinte en orange car il ne connaît que des poules blanches et qu'une poule l'est donc – nécessairement – à ses yeux. Il n'arrive pas à sortir de cette évidence.

Ne vous étonnez pas si votre enfant regarde le livre d'images à l'envers. Dans les premières années, il reconnaît aussi bien les images dans n'importe quel sens.

Il a également du mal à trouver les noms véritables des couleurs si celles-ci sont mélangées. L'adulte peut l'aider en lui faisant observer la nature, en lui expliquant des images, en lui montrant de petits jouets...

Il est donc très important de lui donner immédiatement le nom exact des choses. L'enfant peut ainsi plus facilement voir, sentir, ou goûter. Il lui est ensuite plus aisé de retrouver les mêmes caractéristiques sur des objets ou des situations nouvelles. Il compare alors ses impressions et établit des rapprochements ou des différences. Toutes ces démarches servent à étayer ses observations.

La réflexion

L'enfant prend de plus en plus conscience des choses qui l'entourent. L'influence de l'expérimentation devient plus sensible dans sa façon d'agir. Il chercher à rassembler ses expériences et crée ainsi sa propre « vision du monde ».

Certains psychologues appellent cette période l'âge de la *conception « précausale »*. Ils déduisent, à partir des erreurs d'interprétation de l'enfant, que celui-ci ne sait pas encore passer du stade réel de la cause à celui de l'effet. Selon eux, l'enfant organise le monde à partir de sa réflexion. La vision qu'il en retire n'est que le résultat des expériences subjectives qu'il fait sur les objets. Il attribue aux choses ses propres sentiments, ses réflexions, ses qualités.

Effectivement, les enfants de cet âge disent parfois : « La table s'est fait mal », ou bien : « L'avion est vivant puisqu'il peut voler. » Ceci ne s'explique pas seulement par le côté « magique » de leur réflexion, mais par quelque chose de bien plus simple : le champ d'expérimentation est encore très limité. L'enfant qui voit « consciemment » un avion pour la première fois cherche à retrouver l'équivalent dans ses souvenirs. Il s'efforce de rassembler toutes ses expériences, ce qui est une démarche intellectuelle primordiale, et essaie, en fournissant un effort cérébral constructif, d'établir un lien avec ce qu'il connaît déjà. Ainsi, on lui a sûrement dit un jour ou l'autre qu'un oiseau volait parce qu'il était vivant. Et, pour l'enfant, tout devient clair, puisqu'il généralise : « Tout ce qui vole est vivant. »

Il ne faudrait pas oublier, non plus, que certains adultes entretiennent ce type de réflexion chez l'enfant. Ils le poussent dans ce genre d'idées qu'ils trouvent amusantes.

L'enfant, par ses questions, tente de remédier à son manque de connaissances. Ses « erreurs » viennent de ce qu'il rapporte — par analogie — les expériences acquises ici ou là à une autre situation. Il déborde alors largement le cadre de ses connaissances. Il ne sait pas encore analyser son système de généralisation, ni établir les contradictions que comporte son jugement par rapport à la réalité. Il s'obstine souvent dans ses théories à lui, même si son erreur saute aux yeux.

Sa faculté de regrouper différents éléments ayant des points communs augmente maintenant. Ses généralisations sont souvent fondées sur des caractéristiques plus ou moins flagrantes. Il détecte mieux les signes faciles à saisir par le regard que ceux qui le sont moins. Il ne réalise pas encore les concepts abstraits tels que « le temps » ou « la justice ». Sa réflexion est uniquement fondée sur le concret, le pratique.

Les objets les plus simples peuvent être la source des plus extraordinaires jeux de réflexion : qui prend le plus de blancs, ou le plus de noirs, ou les plus beaux... ?

Influence du langage sur la réflexion. L'acquisition de la parole est inséparable de l'évolution de la réflexion. Le langage permet d'analyser la réalité et maintient vivante la représentation des objets, même lorsque ceux-ci ont disparu. L'enfant établit, par exemple, d'emblée une relation entre deux objets en entendant qu'ils portent le même nom. Il note les dissemblances entre deux objets – superficiellement identiques – portant des noms très différents.

On peut donc expliquer aussi que le rapport entre la parole acquise et l'intelligence soit de plus en plus étroit. Les tests sur l'intelligence portent maintenant davantage sur le niveau de *l'expression orale* que sur la motricité, comme c'était le cas auparavant. *Aider l'enfant à enrichir son vocabulaire est donc un moyen de développer son intelligence.*

Mémoire et réflexion. Les plus anciens souvenirs d'enfance des adultes remontent généralement à l'âge de 2 ou 3 ans. La capacité de se souvenir est essentielle au développement de la réflexion. La comparaison, la relation, la généralisation font appel à des informations stockées dans la mémoire sous forme d'images ou de mots. Mais la réflexion n'est pas que la répétition de ce qui est appris ; elle est la création d'idées nouvelles. Les connaissances disponibles sont alors « passées en revue » puis appliquées à tel ou tel problème, sans négliger un lien avec la réalité.

Toutes ces facultés sont, naturellement, très imparfaites à l'origine. La mémoire de l'enfant travaille machinalement. Elle n'essaie pas encore de se perfectionner. Le stockage des souvenirs est, pour ainsi dire, un côté accessoire de l'action. Tous les jeux qui demandent une participation active servent à constituer la mémoire. Prenons, par exemple, les personnages des histoires : l'enfant va s'identifier à eux pour agir.

La mémoire se développe donc progressivement. L'enfant sait maintenant répéter des mots ou des actions, même s'il n'a plus le modèle sous les yeux. A 2 ans, il retrouve un objet que l'on a caché 1/4 d'heure plus tôt. A 3 ans, il se souvient après plusieurs mois de certains événements qui l'ont particulièrement frappé. La mémoire portant sur un laps de temps très court peut également emmagasiner davantage d'informations : à 2 ans 1/2, ce seront 2 syllabes ou 2 chiffres, 3 à 3 ans. Mais de telles expériences ne réussissent que lorsque l'enfant est particulièrement bien disposé et a envie de s'exercer. S'il ne s'y intéresse pas, il va donner une fausse réponse, ou ne rien répondre du tout.

Parole et langage

Enrichissement du vocabulaire. Vers 2 ans, l'enfant a généralement compris que les objets portaient un nom. Il se sert de ceux qu'il connaît et en demande de nouveaux. Sa compréhension s'approfondit. Les mots ne sont pratiquement plus liés à des situations précises et gagnent une valeur générale.

Selon les statistiques, un enfant de 2 ans comprend, en moyenne, plus de 250 mots. Il en comprendra environ 400 dans les 6 mois à venir. A la fin de la 3e année, ce chiffre double à nouveau. Enfin, un enfant bien soutenu sur le plan de la parole en comprendra plus de 1 000 à 3 ans. Il comprend bien sa langue maternelle, parce qu'il sait en distinguer et reconnaître tous les sons. Les filles connaissent, généralement, un peu plus de mots que les garçons. Elles dépassent encore les garçons durant quelques années.

Articulation. L'enfant fait encore beaucoup de fautes de prononciation, *en particulier sur les consonnes.* Il laisse éventuellement de côté les consonnes postérieures (g, r, k) plus difficiles à prononcer que les antérieures (t).

Si deux consonnes se suivent dans un même mot (groupes consonantiques), il a tendance à les élider ou à les transformer : clé devient [kjé] ; acte devient [ak].

Les fautes rendent la compréhension difficile, surtout pour les personnes de l'extérieur. Cette difficulté entraîne chez l'enfant un sentiment de frustration, car il aimerait de plus en plus s'exprimer en paroles et non plus par gestes ou par mimiques.

Jusqu'à 4 ans, il est normal qu'un enfant fasse des fautes en parlant. Il a encore du mal à coordonner ses lèvres, sa lanque, son pharynx et les muscles de son gosier. Tout cela va s'améliorer avec le temps, en faisant des exercices. Il est heureux de ses progrès et en profite pour parler vite et beaucoup. Il apprécie l'indépendance croissante que le langage lui confère. A 2 ans

1/2, il répète tout ce qu'il entend, sans, la plupart du temps, en comprendre le sens. Il apprécie tout particulièrement les expressions rythmées : il les retient très bien. Il enrichit ainsi continuellement son vocabulaire.

Acquisition de la grammaire. Lorsque l'enfant dispose de 80 à 100 mots, il se met à construire des phrases. Vers la fin de la 2e année, il aligne des substantifs.

Les « vraies » phrases à 2 mots consistent en sujet-verbe, ou sujet-qualificatif. Le langage est encore étroitement lié à l'activité pratique. Bientôt, l'enfant va employer aussi des pronoms. Mais il ne se sert pas encore de conjonctions, d'auxiliaires, d'articles, ni de prépositions. La longueur de la phrase augmente lentement. Voici ce qui ressort des statistiques : à 2 ans, les enfants utilisent, en moyenne, 1,7 mots par phrase ; à 2 ans 1/2, 2,4 mots ; à 3 ans, 3,3 mots.

Les phrases prennent de plus en plus une structure grammaticale. L'enfant utilise les substantifs pratiquement à bon escient, et les verbes à différents temps. Vers 2 ans 1/2, il commence à prononcer des phrases composées, à employer des conjonctions : et, mais, parce que, comment. Vers la fin de l'année, il sait former les principaux types de phrases.

Les marionnettes permettent de parler de tout un tas de choses. Elles peuvent représenter le père et la mère, le père et l'enfant, deux amis... L'enfant apprend alors à exprimer oralement ses désirs, ses craintes, ses expériences.

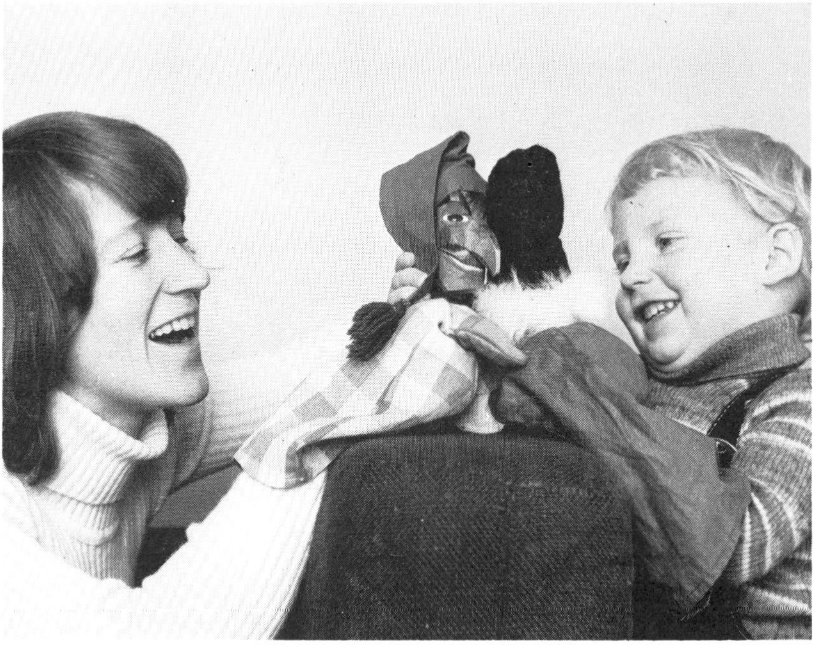

Aider l'enfant à parler. On peut enrichir son vocabulaire en lui apprenant des mots nouveaux, en lui parlant de façon claire, et en le faisant répéter. Il est donc important de lui donner de multiples possibilités de contacts avec autrui, car chacun de nous emploie un vocabulaire de base qui lui est propre. On n'a pas encore élucidé les processus qui permettent d'acquérir une structure grammaticale compliquée. L'exemple des adultes est bien sûr déterminant. L'enfant apprendra d'autant mieux à parler que vous vous adresserez à lui en des termes clairs et compréhensibles. Chaque phrase lui fait alors saisir un peu plus de grammaire.

Des recherches ont établi la meilleure façon d'aider l'enfant dans cet apprentissage : il n'est pas nécessaire de lui faire rectifier ses erreurs de syntaxe. Il vaut mieux que l'adulte se mette à sa portée, réponde à sa question, et lui montre ainsi qu'il l'a compris. On encourage l'enfant à parler si on l'écoute attentivement. En lui répondant, on lui donne une tournure de phrase exacte. Il est évident que l'enfant a plus de plaisir à parler si on le félicite pour ses efforts que si l'on passe son temps à le critiquer en l'interrompant pour le parfaire.

Signification pour le développement. L'enfant aime maintenant bien parler ; il parle beaucoup, et à lui-même bien souvent ! Lorsqu'il joue, il « pense tout haut » et explique ce qu'il est en train ou a l'intention de faire. Ses activités sont donc complétées et structurées par la parole. Le langage « égocentrique » n'est pas un exercice supplémentaire, mais une aide essentielle pour le développement de la pensée ordonnée.

Le comportement social influe également beaucoup sur le développement de la parole. Les enfants réalisent que les contacts sont plus faciles à établir s'ils peuvent s'exprimer convenablement. Ils se sentent alors plus en sûreté et n'ont plus besoin d'être des spectateurs muets, ni d'appeler sans arrêt leur mère en guise d'« interprète ». Le langage est donc le véhicule essentiel pour permettre à l'enfant de sortir de son milieu.

Le bégaiement, un stade transitoire. Ainsi que nous l'avons déjà indiqué, il est normal que les enfants – jusqu'à 4 ans – fassent des erreurs de langage. Beaucoup d'entre eux ont tendance à bégayer entre 2 ans 1/2 et 3 ans 1/2. Ce défaut vient du fait qu'ils veulent parler plus rapidement qu'ils ne le peuvent. Leurs idées vont plus vite que leur langue, surtout quand ils sont excités.

Laissez le temps à votre enfant : si vous le grondez, il va se crisper davantage, et risque alors des troubles plus graves. Un abus de discipline à la maison peut également amener le bégaiement. Cela se produit éventuellement lorsque les parents se montrent trop exigeants et n'admet-

L'autonomie de l'enfant dans les tâches quotidiennes favorise sa prise de conscience de lui-même et son habileté.

Les ciseaux, couteaux et autres objets pointus sont moins dangereux pour l'enfant si vous lui apprenez suffisamment tôt à s'en servir. Mais ne le quittez jamais des yeux trop longtemps.

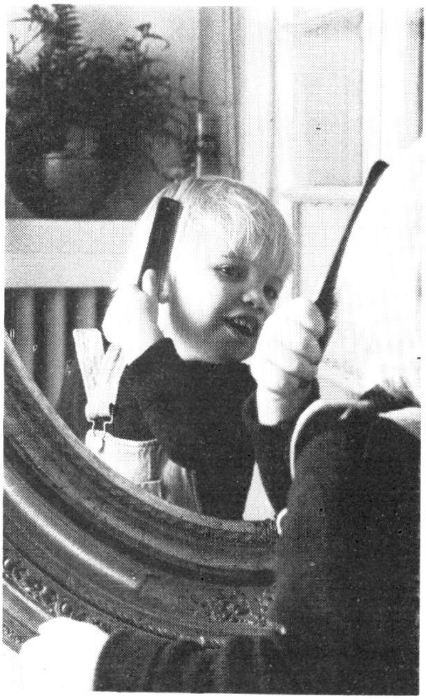

tent aucune erreur de syntaxe. Prenez pour ligne de conduite d'écouter toujours votre enfant avec patience. Ne le forcez pas, ne le grondez pas s'il bégaie. Surveillez éventuellement votre propre rythme pendant quelque temps.

Le fait de parler ensemble, sur un rythme approprié, de chanter... peut également favoriser la détente chez un enfant perturbé.

Développement des activités

« Je peux le faire tout seul. » Voilà une phrase que vous allez souvent entendre. Votre enfant exprime ainsi son désir croissant d'autonomie. Il voudrait faire beaucoup de choses sans l'aide des adultes. Encouragez-le dans cette voie. Le sentiment d'avoir fait quelque chose « tout seul » aide considérablement à prendre conscience de soi-même.

Ce désir marque une modification du comportement de l'enfant à l'égard de ses activités. Il est maintenant conscient du fait qu'il s'agit de ses « actes » personnels. Jusque-là, son besoin d'investigation partait d'un objet que l'adulte lui présentait avec le « mode d'emploi ». L'enfant commence à transposer sur un nouvel objet les manipulations qu'on lui a enseignées : il se met, lentement, à généraliser ses expériences. Son activité prend donc une certaine valeur. Dès la 2e année, il reproduisait exactement les activités des autres. Par exemple, il berçait son ours en peluche pour l'endormir, comme sa mère faisait avec lui. Il n'était cependant pas conscient de copier les gestes de sa mère. Il sait maintenant rapprocher ses activités de celles des autres. Il peut choisir s'il veut les refaire exactement ou s'en écarter

complètement. Cette nouvelle acquisition est à la base des jeux de rôles.

Il peut également se fixer un but et l'annoncer à l'avance : il agit intentionnellement. Le rôle de la *réflexion* ne fait plus aucun doute. Elle lui permet d'adapter ses activités aux nécessités imposées par les différentes situations. Son comportement est plus souple. Il essaie, avec intelligence, diverses possibilités en fonction de ce qu'il connaît. Il répète plus rarement les mêmes actes sur le même objet. Quand il connaît bien une chose, il l'exécute plus rapidement et l'accompagne de mots, tels que : « La poupée mange sa purée ! « ou bien « Je fais manger la poupée. » Ce qui n'exclut pas qu'il change d'objectif au cours du jeu, ou qu'il passe à une tout autre activité qui l'intéresse davantage.

Si vous laissez souvent l'enfant assister à votre toilette et lui apprenez des habitudes d'hygiène, il finira par se laver lui-même automatiquement.

Vers la fin de la 3e année, l'enfant peut faire énormément de choses par lui-même, comparativement à l'année précédente :

– il mange tout seul ;

– il s'habille pratiquement seul (mais il ne sait pas attacher les lacets, ni mettre les petits boutons) ;

– il se déshabille seul ;

– il se coiffe ;

– il se lave et s'essuie les mains ;

– il aide à ranger ses jouets et à faire de petites choses dans la maison (aller chercher un objet, ou le remettre à sa place).

Conscience de soi

Entre 2 et 3 ans, l'enfant prend de plus en plus conscience de lui-même, il est une personnalité confrontée au monde extérieur, et qui ne se laisse plus aussi facilement guider par les adultes. Il s'oppose fréquemment à eux pour affirmer son indépendance.

La motricité bien développée, la capacité de se déplacer seul, de se faire comprendre à l'aide de la parole, lui donnent de l'assurance à l'égard de son entourage. Il pénètre le monde des adultes et saisit maintenant les rôles respectifs des uns et des autres qu'il imite dans la mesure de ses moyens. Il faut rattacher à cette démarche la prise de conscience de son sexe. Parce qu'il tient bien maintenant sur ses jambes, s'engage le combat pour son « autonomie ». Il commence à faire la distinction entre « moi » et « toi », « le mien » et « le tien ».

Généralement, au début de la 3e année, il se nomme encore lui-même par son nom. Même s'il connaît le mot « je », il s'agit d'une notion dont il ne saisira la signification réelle que vers le milieu de la 3e année. Il ne réalise pas seulement qu'il est l'auteur de certains actes et de leurs conséquences ; il ressent l'existence d'une vie intérieure faisant partie intégrante de lui-même. Il découvre qu'il est l'auteur de pensées, de sentiments, de représentations, et prend conscience que c'est de lui que dépendent ces processus. Sa possibilité toute neuve d'imposer sa volonté et de prendre des décisions entraîne souvent des conflits avec lui-même et avec les autres. Elle provoque chez lui le « conflit du choix ». Car ses possibilités ne sont pas encore très étendues, et il ne perçoit pas toujours les conséquences de ses actes. Il ignore quels sont les désirs qui s'éliminent, et qu'un choix peut en exclure d'autres, également désirables.

L'enfant aimerait pouvoir tout faire à la fois : il veut en même temps monter sur son tricycle et jouer au ballon, rassembler des jouets et les éparpiller, faire telle chose seul, et en même temps se faire aider, si ce n'est servir !

L'enfant de cet âge-là se trouve presque perpétuellement en état de tension et d'insécurité. Son émoi intérieur suffit à expliquer l'attitude anxieuse et craintive de ce stade du développement.

Son comportement prend parfois une tournure égoïste, inexplicable, voire hargneuse. Ce n'est en réalité qu'un signe des problèmes qu'il a pour faire un choix entre « oui » et « non », « je voudrais » et « je ne voudrais pas ». Il se sent « très grand », puis à nouveau « tout petit ». Il doit souvent accepter de ne pas arriver à affirmer sa volonté, du fait de sa maladresse, de son insuffisance. Il s'aperçoit qu'il n'arrive pas à se faire bien comprendre, parce qu'il ne sait pas très bien s'exprimer ! Il reçoit souvent un « non » en réponse à ses envies.

Tout cela présente bien des difficultés pour l'enfant. Et c'est pourquoi il ne sait pas toujours quel comportement adopter. C'est précisément lorsqu'il a à abandonner une activité pour une autre qu'il est confronté à son manque de sûreté : une telle modification fait appel à sa faculté de décision. L'enfant peut n'y être pas préparé du tout à ce moment-là. Alors, il cherche tous les prétextes pour refuser le changement.

Vous vous êtes sûrement trouvé dans une situation de ce type : vous avez envie d'emmener l'enfant faire des courses, jouer ou se baigner. Toutes ces perspectives l'attirent. Et pourtant vous passez un temps fou à lui mettre les vêtements nécessaires. Il vous échappe, « tournicote », et vous retarde indéfiniment. Il ne le fait pas méchamment ; il n'arrive pas à réaliser ce qui l'attend et préfère rester là où il est.

Il arrive sûrement à l'enfant de vous manifester son désaccord. Mais, s'il vous regarde ensuite d'un œil tranquille ou plein de malice, vous saurez qu'il ne s'agit que de difficultés passagères.

La manie de la régularité – presque tyrannique chez les enfants de cet âge – est encore plus étroitement liée à cet aspect de la personnalité. Tout doit être à sa place, tout doit se dérouler toujours de la même manière. Pour certaines de ses activités, l'enfant se prescrit ses propres règles, qui ne nous sont pas toujours perceptibles. Il saute une dalle sur deux dans la rue, ou bien il voudrait laper sa soupe dans son assiette comme un petit chat ! Le rituel précédant le coucher favorise à la fois le repos et la détente. Ses contradictions intérieures rendent plus difficile la relaxation nécessaire à un sommeil tranquille. D'un côté, il voudrait poursuivre les activités de la journée, de l'autre, sa fatigue lui impose le repos.

Si vous en êtes conscients, vous saurez alors accepter avec patience, humour et compréhension tous les petits « trucs » que votre enfant inventera pour gagner du temps !

Comportement émotionnel, comportement social

L'âge de la révolte. La 3e année est, en principe, une année difficile pour les enfants, leurs parents et leurs éducateurs. L'enfant n'est subitement plus le même. Il se met en colère pour une raison apparemment insignifiante. Il s'oppose aux désirs les plus inoffensifs de ses parents alors qu'il avait jusque-là obéi sans trop de problèmes. Il fait la sourde oreille quand on lui demande quelque chose. Si on l'appelle, il réagit en s'en allant et en se cachant. Il va, un jour, prêter ses jouets très gentiment et, le lendemain, se mettre en colère à l'idée que l'on puisse les lui prendre. Il veut absolument une certaine chose et, lorsqu'il la reçoit, il ne réagit même pas, ou la repousse simplement. Il demande de l'aide et, quand on la lui offre, il la refuse. Ses sentiments sont faits de contradictions et de sautes d'humeur. L'apathie et l'abattement succèdent aux explosions de joie. Le besoin de compagnie fait place à celui de solitude, la chaleur à l'absence.

Beaucoup de parents se posent alors la question de savoir s'ils s'occupent convenablement de leur enfant. Ils se demandent s'ils ont été trop indulgents et l'ont trop gâté. Leurs doutes augmentent encore lorsque des étrangers assistent à l'une de ces crises et la commentent en ces termes : « Le nôtre ne s'est jamais comporté ainsi », ou bien « Vous devriez vous montrer plus sévères si vous ne voulez pas qu'il vous en fasse voir de toutes les couleurs. »

Ces sautes d'humeur sont l'expression des contradictions internes de l'enfant. Il se trouve dans une période de transition. Des modifications essentielles interviennent dans sa vie. Elles atteignent leur apogée vers le milieu et la fin de la 3e année. Après quoi l'enfant retrouve son équilibre et se stabilise.

Les sentiments à l'égard des hommes et des choses. Les modifications manifestes que nous venons de mentionner risquent de nous cacher les changements plus subtils qui interviennent dans les sentiments de l'enfant et dans ses contacts avec les autres.

A l'égard des enfants qui lui plaisent – qu'ils soient de son âge, ou plus jeunes que lui – il peut déjà se montrer « responsable » et prévenant. Mais quand il n'aime pas un enfant, rien ne pourra le pousser à jouer avec lui. Des sympathies marquées et durables peuvent déjà conduire à de véritables amitiés enfantines, dans la mesure où les occasions de rencontre sont assez fréquentes. Mais il ne faut pas non plus trop lui en demander. Il lui arrive de se chamailler avec son « meilleur ami » ; Il peut lui arracher des mains le jouet qu'il avait donné spontanément quelques minutes plus tôt.

De nouveaux sentiments commencent également à se faire jour. L'enfant se réjouit lorsqu'il a réussi quelque chose et surmonté une difficulté ; il en est fier et voudrait en être félicité. Vers la fin de l'année, les parents peuvent se servir de cet atout pour motiver l'enfant. Toutefois, il ne possède pas encore la notion véritable de la rivalité. Mais il est de plus en plus sensible aux jugements positifs ou négatifs de ceux qui s'occupent de lui et de ceux qu'il aime et admire. Tout ce qui leur plaît lui plaît à lui aussi. Ce qui leur déplaît lui déplaît. C'est à partir de leurs réactions que s'échafaudent son sens esthétique et son sens de l'humour, qui se remarquent déjà dans certaines situations.

Comportement vis-à-vis des parents et des adultes. Au début de la 3e année, le comportement de l'enfant vis-à-vis de sa mère se fait de plus en plus intensif et conscient. Des liens de tendresse l'attachent à elle et rendent toute séparation pénible. Certains enfants ont une préférence momentanée pour leur père, ou changent d'attitude en fonction de l'heure et de l'activité. Mais dès qu'ils ont du chagrin, ou qu'ils sont fatigués, ils se tournent immédiatement vers la personne qui s'occupe d'eux principalement. Ce qui se sent peut-être – entre autres situations – dans les jeux de rôles. De nouvelles motivations le poussent à agir : il peut parfois renoncer à ses propres envies au profit des autres. Il cueille des fleurs pour sa maman, ou fabrique un cadeau pour son papa.

Les enfants ont encore du mal à s'intéresser à plus d'un adulte à la fois. Ils ont des attitudes très variables à l'égard des étrangers. Certains se cachent par timidité, ou se blottissent contre leur mère ; d'autres demeurent tout à fait détendus. Ils peuvent aussi bien se montrer confiants qu'agressifs. Certains encore passent d'un extrême à l'autre.

On ne sait pas ce qui passe par la tête de l'enfant qui serre, rêveur son ours en peluche contre lui. Mais on sait qu'il possède déjà un très large éventail de sentiments.

Mais si un enfant ressent de la sympathie pour un adulte, il va la lui manifester par des baisers et des câlins. Il sait exactement vers qui vont ses préférences. Il peut aussi se montrer tendre à l'égard des animaux ou des objets inanimés. Toutefois, si ces démonstrations sont excessives, il faudra se demander si elles ne servent pas à compenser un manque d'intérêt de la part des humains.

Comportement vis-à-vis des autres enfants. C'est par groupe de deux que les enfants préfèrent jouer. Ils se parlent entre eux et rient beaucoup. Il s'agit alors d'un véritable jeu en commun, dans lequel chacun a un rôle à tenir.

Les disputes sont moins fréquentes que l'année précédente. Mais les conflits peuvent toutefois succéder au calme. Il s'agit, le plus souvent, de « défendre ses possessions ». Alors, les enfants se battent, se mordent, se tirent les cheveux sauvagement. L'intervention des parents est nécessaire dans ce cas. Lorsqu'un enfant cède, de son plein gré, ou contraint et forcé, il ne faut pas encore y voir de sens de l'équité. Il ne faut d'ailleurs pas y faire appel : l'enfant finira bien par l'apprendre de lui-même.

Lorsque plusieurs enfants du même âge sont rassemblés, ils ne jouent pas encore ensemble, mais plutôt les uns à côté des autres. Chacun poursuit son idée. Mais si l'un d'eux fait quelque chose d'extraordinaire, les autres vont vouloir en faire autant. On risque alors d'assister à des « scènes de masse » particulièrement agitées. Les conflits s'apaisent dans la mesure où chaque enfant dispose du même matériel. Alors, chacun se remet à jouer de son côté, et la paix revient pour un moment.

Même dans ces jeux parallèles, les enfants s'initient aux contacts sociaux. Ils découvrent que l'on évite bien des heurts en faisant les choses les unes après les autres, que l'on peut partager pour que chacun ait quelque chose.

Si l'enfant est introduit dans un groupe qu'il ne connaît pas, il fait à nouveau preuve de manque de maturité en se bagarrant, en se montrant égoïste, ou en se contentant de re-

Plus les enfants ont l'occasion d'avoir des activités en commun, mieux ils apprennent à vivre ensemble. Ils découvrent ainsi quels sont les besoins des autres, et comment ils doivent en tenir compte.

garder les autres. Tout rentre dans l'ordre lorsqu'il a fait connaissance. Il aime maintenant surtout jouer avec des enfants de 5 à 6 ans. Il accepte bien d'être dirigé par eux et en tire le plus grand profit.

Adaptation à la vie en société. Contrôle des sentiments. Le comportement social de l'enfant est particulièrement favorisé par les fréquents contacts avec des camarades de son âge. La qualité de ces contacts importe encore plus que leur fréquence. Il vous faudra donc orienter le choix des compagnons de jeux, et veiller surtout à ce que l'enfant ne soit pas toujours en état d'infériorité.

Ce sont les adultes qui apprennent à l'enfant son comportement social. Leur exemple est déterminant. S'il respecte et aime son modèle, l'enfant va essayer de lui ressembler. Il tentera de conquérir les êtres qui l'aiment et qu'il aime par conséquent lui aussi. C'est sur cette identification que vont se bâtir ses comportements social et émotionnel et se former sa « conscience ». L'enfant apprend à exprimer ses sentiments et prévoit les réactions qu'engendrera son attitude.

Troubles dans le jeu et les contacts avec autrui

Nous aborderons dans ce chapitre les différents troubles pouvant apparaître dans le jeu et les contacts avec autrui.

Nous avons déjà étudié dans le tome 2 les troubles accompagnés essentiellement de symptômes physiques (anorexie, vomissements, insomnie). C'est pourquoi nous n'en reparlerons pas ici, bien qu'ils puissent, évidemment, se prolonger cette année encore, ou faire leur apparition. Il faudrait y ajouter le goût exagéré pour l'onanisme ou les anomalies motrices : agitation du corps, de la tête, cheveux arrachés...

Troubles dans les contacts avec les autres

Durant sa 3e année, l'enfant élargit énormément le rayon de ses expériences et de ses activités. Il ose sortir du cercle étroit de la famille. Au début de l'année, il a encore besoin de votre aide dans toutes ses initiatives ; mais dès qu'il a créé un contact avec des petits amis et leurs parents, il n'a plus besoin de votre intermédiaire. Vers la fin de l'année, il se dirige spontanément vers les autres enfants. Il sait maintenant comment se comporter pour être accepté dans leurs jeux. Une telle attitude ne s'acquiert pas toujours facilement.

L'enfant timide et renfermé. Certains enfants ont beaucoup de mal à se détacher de la personne qui s'occupe d'eux. Ils n'osent pas s'éloigner de leur mère et ont peur de tous ceux qu'ils ne connaissent pas. Ils restent timidement à l'écart des autres. Si quelqu'un veut s'approcher, ils risquent de se mettre à pleurer. La plupart du temps, ils ont également du mal à jouer. Ils ne savent pas s'occuper tout seuls et demandent sans arrêt à leur mère à quoi ils pourraient jouer. Certaines mères encouragent ce genre d'attitude chez leur enfant. Elles le gâtent exagérément et aiment être perpétuellement au centre de ses préoccupations. Leur angoisse à elle rend le monde extérieur « affolant » pour l'enfant. Celui-ci est souvent — pour ce type de mère — un ersatz de présence, lorsqu'elles se sentent, entre autres choses, négligées par leur conjoint. Elles bloquent ainsi l'envie spontanée de se tourner vers autrui. L'enfant n'arrive plus à développer aucune forme de contacts. Or, moins il a de contacts et plus il manque de sûreté. Il devient hypersensible, incapable de se dominer. Bien plus, il se réfugie vers sa mère dès qu'éclate le conflit le plus insignifiant.

Mais un enfant peut aussi se tourner exagérément vers sa mère parce que celle-ci ne lui donne pas assez de chaleur humaine, ni de tendresse. Il reste sans arrêt « dans ses jupes » et l'oblige avec agressivité à s'occuper de lui. Il ne sait pas se tourner vers les autres parce que sa mère ne représente pas de « refuge » sûr à ses yeux. Il a même peur de la perdre en nouant des liens avec l'extérieur.

L'enfant qui s'enfuit. Il est très rare, à cet âge, qu'un enfant, de peur d'être abandonné, s'enfuie loin de ses parents. Cette brusque rupture de contact est un signal d'alarme déterminant. L'enfant dément son état dépressif et se comporte comme s'il n'avait besoin de personne. Il « dépasse », pour ainsi dire, sa peur. De tels cas peuvent également trahir un trouble cérébral organique.

L'agressivité. Un comportement agressif est une autre forme caractéristique de *défense contre l'angoisse d'être abandonné,* et un signe de *manque de confiance.* C'est un comportement fréquent chez des enfants ayant une très forte personnalité. Ils ne peuvent jouer tranquillement avec les autres. Ils entament une bagarre dès que tout ne va pas comme ils le souhaitent. Certains mordent violemment. D'autres s'obstinent à vouloir prendre les jouets de leurs camarades. Ils veulent, en fait, s'emparer par la force de ce dont ils sont privés : le sentiment d'être quelqu'un. Et ils n'éprouvent ce sentiment que lorsqu'ils briment les autres. Le monde qui les entoure leur apparaît comme une menace, et ils en déduisent (inconsciemment) qu'il leur faut être encore plus durs pour se défendre. Ce type d'enfants n'est souvent agressif qu'à l'égard de plus démunis qu'eux : des enfants plus jeunes, ou des animaux. Ils reportent l'oppression à laquelle ils sont soumis à la maison sans pouvoir se défendre, sur d'autres qui ne peuvent pas se défendre non plus.

Une forme d'éducation qui gâte exagérément l'enfant est souvent à l'origine d'un comportement agressif et asocial. De même, des parents qui s'entendent mal ou battent leur enfant lui présentent l'image d'un comportement très agressif.

Les « comédiens ». On ne considère généralement pas les enfants qui aiment particulièrement se donner en spectacle comme souffrant d'un trouble quelconque. On les trouve au contraire très ouverts. Leur comportement amusant réjouit leur entourage, les adultes surtout. Ils savent qu'en se montrant toujours drôles, on les remarque et les admire. Alors, ils ne cessent de raconter des blagues, de chanter, de danser... Les rires des adultes ne font qu'accentuer leur attitude. Cette comédie permanente devient une obligation, une deuxième nature dissimulant timidité et manque d'assurance. L'enfant craint d'être privé d'affection, de passer inaperçu en se comportant naturellement. Il n'ose plus jamais être véritablement lui-même.

D'autres repoussent instinctivement ce genre de comportement : l'enfant qui n'a été élevé qu'au milieu d'adultes a du mal à s'insérer dans un groupe. Or, il pourrait justement, en cette occasion, parvenir à un comportement normal et se faire apprécier.

Origines et remèdes. Ce n'est pas avec des remontrances que l'on modifie un comportement quelconque. Vous souffrez sûrement de voir que votre enfant ne se conduit pas « normalement ». Mais lui en souffre davantage ! Vous le rendriez plus malheureux encore en voulant l'obliger à changer d'attitude. Vous risqueriez même de déclencher un nouveau symptôme. Ce n'est pas la « bonne volonté » qui lui manque. Il s'agit d'un conflit qu'il n'arrive pas à surmonter. Les symptômes extérieurs subsisteront tant que ce conflit ne sera pas élucidé et vaincu.

Les doutes de l'enfant quant à ses relations avec sa mère sont, en tout cas, un facteur essentiel de troubles. Ils peuvent l'attaquer très profondément, jusqu'à le pousser à s'enfuir, ou ne se manifester que temporairement. C'est le cas lorsqu'une nouvelle naissance intervient dans la famille et que l'enfant, qui se sent repoussé au second plan, refuse désormais de prêter ses affaires et cherche à prendre celles des autres. Il faut alors composer et comprendre la situation avec un maximum d'amour et de patience. Que ressent, en effet, l'enfant qui reste à l'écart, en suçant son pouce, tandis que les autres s'amusent joyeusement ? Peut-être a-t-il peur, parce qu'il est trop protégé à la maison, de l'agression des autres ? Ce serait une erreur de lui dire alors : « Mais vas-y, tu n'as pas à avoir peur ! » Il vaudrait beaucoup mieux respecter ses angoisses et tenter de les faire disparaître progressivement. On peut y arriver en faisant venir des camarades à la maison, car l'enfant se sent, là, en sécurité. On peut aussi l'accompagner lorsqu'il est invité. Plus tard, on l'emmènera dans un jardin public en l'entourant beaucoup les premiers temps. Il faut discuter avec lui de ses expériences et lui expliquer que les autres n'ont aucune intention méchante, même s'ils font preuve de brutalité. L'enfant réalise alors que sa mère comprend ses problèmes et est d'accord avec les activités qu'il peut avoir en dehors de la famille.

Si vous n'arrivez pas à résoudre les difficultés de votre enfant, ou si elles vont en s'aggravant, il vous faudra consulter un psychologue.

Influence sur les activités ludiques

Les parents ne sont généralement pas très attentifs aux activités ludiques de leurs jeunes enfants. C'est pourquoi les troubles ne sont souvent constatés que lorsqu'ils prennent une forme extrême, et sont alors les prémices d'autres difficultés pour l'avenir.

Lors de troubles particulièrement graves, l'enfant reste un long moment apathique et ne se met à jouer brièvement que lorsqu'on l'y invite. Ou bien il répète inlassablement les mêmes manipulations sur un objet, sans arriver à trouver de nouvelles idées de jeu. Il pourrait s'agir d'un retard du développement dû à des troubles cérébraux. Les troubles d'origine neurologique sont peu flagrants. On ne les détecte que lorsqu'on a une connaissance exacte de l'activité ludique par rapport à un âge donné. Il y a, par exemple, le cas de l'enfant qui demande à sa mère, beaucoup trop souvent pour son âge : « Maman, à quoi je pourrais jouer ? » Ou bien, celui qui veut sans arrêt que l'on s'occupe de lui, sans arriver à se fixer lui-même sur un jeu. Seul, il s'ennuie et reste assis sans rien faire. Les jeux entrepris ne l'intéressent rapidement plus. Certains enfants s'interrompent, découragés, dès la moindre difficulté. Le plaisir de jouer avec les autres n'est jamais entier. Il manque la joie qu'introduit la fantaisie.

Il peut s'agir de problèmes qui ne cessent d'irriter l'enfant et l'empêchent de se détendre. Le trouble intérieur se manifeste aussi par une manipulation excessive des jouets qu'on lance dans tous les sens et qu'éventuellement on casse. Certains enfants ne savent pas avoir une activité ordonnée, constructive, et n'arrivent à aucune concentration. Mais il faut bien savoir où commence et où s'arrête le comportement normal : en effet, les enfants de cet âge-là ne peuvent pas avoir une attention soutenue pendant très longtemps, et supportent assez mal d'être dirigés. Il ne faudrait donc pas imputer toute « anomalie » à un trouble du comportement. Il peut s'agir, tout simplement, d'une explosion de joie lors d'une découverte.

Origines et remèdes. Les troubles dans l'activité ludique sont l'expression d'un problème de l'enfant vis-à-vis de la réalité qui l'entoure, des choses, des hommes et de lui-même. Les origines et les remèdes sont multiples et variés.

Dans les *cas graves,* le monde semble si hostile à l'enfant qu'il n'arrive pas à en donner une représentation positive dans le jeu. Ceci survient lorsqu'il est trop livré à lui-même dans la découverte de son environnement. Ses élans spontanés sont brimés par le manque d'espace vital auquel s'ajoute une éducation trop rigide. Ces enfants-là deviennent dépressifs ; ils sont freinés dans le développement de leurs activités. D'autres symptômes se manifestent chez eux, parallèlement aux problèmes qui apparaissent dans le jeu. Il faut y rattacher les troubles dans les contacts avec les autres, ou l'onanisme exagéré, remplaçant l'exutoire qui fait défaut. L'élaboration patiente et délicate d'un climat de confiance, l'intérêt porté à leurs activités, peuvent bien leur venir en aide dans ce cas.

Des parents qui « pensent bien faire » peuvent également empêcher l'enfant de s'épanouir dans le jeu : une trop grande quantité de jouets ne facilite pas le comportement qui doit pouvoir donner libre cours à l'imagination et à l'esprit de découverte. Le jouet le plus parfait semblera vite ennuyeux s'il ne fait pas appel à l'habileté. Le père et la mère peuvent également submerger leur enfant avec des idées de jeux, le rendant à la fois exigeant et paresseux. Plus tard, on s'apercevra des difficultés à jouer.

Tout excès de parents dans ce sens produira les mêmes effets. Les parents qui font à la place de l'enfant tout ce qu'il pourrait aisément faire lui-même lui retirent l'envie de tenter ses propres expériences et risquent de lui faire perdre son enthousiasme spontané.

Nous avons déjà indiqué qu'une éducation trop tyrannique appauvrissait l'activité ludique de l'enfant. La sensation d'oppression dont il souffre risque de transformer ses impulsions en violents éclats d'agressivité.

Un enfant insuffisamment aguerri et souvent critiqué risque de perdre tout courage. Il se sent alors maladroit et sans valeur.

Une activité ludique fébrile dissimule généralement, elle aussi, un grave conflit. Ou bien l'enfant entreprend tout à la fois sans aucune discrimination, de peur de ne pas y trouver son compte ; ou bien il est préoccupé par des questions qu'il n'ose pas formuler (par exemple, des questions d'ordre sexuel). Des enfants très irritables ne savent souvent pas juguler leur excès d'énergie dans des jeux calmes.

Informations et conseils. Le conseiller pédagogique et le psychologue vous seront utiles s'il s'agit de troubles chroniques. Mais la bonne volonté des parents sera, bien sûr, déterminante.

L'enfant découvre de nouveaux jeux

Le sens de la réalité et le jeu

Jusque-là, « jeu » et « sérieux » n'étaient pas, pour l'enfant, deux notions distinctes. Cette année, il réalise que toutes ses activités n'entraînent pas un résultat concret, utile — tout au moins du point de vue des adultes. La tour de cubes est démolie tôt ou tard. Peu importe si elle tient debout ou non. Par contre, s'il faisait tomber toute la vaisselle de la table, les conséquences en seraient autrement plus graves !

C'est d'abord dans les petites tâches qu'il a le droit d'accomplir lui-même que l'enfant va apprendre à faire cette distinction, en adaptant son comportement aux activités entreprises. Il va apporter — en faisant très attention — une assiette de soupe sur la table. Il comprend que l'assiette doit être tenue d'une certaine façon pour que la soupe ne se renverse pas. Il voit qu'il y a une bonne raison à agir ainsi. De telles activités lui font découvrir à la fois les rapports entre les choses et les gens, la durée de l'activité, les notions d'espace, de temps, de quantités. L'utilisation conforme des objets implique une limitation du comportement, et demande une démarche rationnelle adaptée aux circonstances.

Dans le jeu, c'est souvent le contraire qui se produit. L'imagination permet tout : une assiette peut devenir n'importe quoi, un volant, une baignoire, un berceau de poupée... ou même une assiette de soupe que l'on ne risque pas de renverser ! Le jeu permet de satisfaire tous les désirs, de jouer tous les rôles que l'on ne peut pas tenir en réalité : les choses sont telles que l'on voudrait qu'elles soient !

La liberté dans le jeu est une condition essentielle pour le bon développement des capacités créatrices de l'homme. Cette liberté seule permet d'apporter un élément nouveau qui remplace ou complète ce qui existe déjà. Considérer les choses sous un jour différent, changer les perspectives, voilà qui permet une nouvelle approche du milieu, mais aussi une nouvelle position personnelle à l'intérieur de ce même milieu. Les deux processus sont à développer simultanément. L'enfant doit, bien sûr, apprendre à se placer devant la réalité et l'appréhender. Mais il doit également avoir la faculté de donner, dans le jeu, libre cours à son imagination.

Les jeux de rôles

Durant cette année, l'enfant apprend le sens du mot « moi ». Cette notion lui permet de créer un nouveau jeu : *le jeu de rôles*. Il s'imagine qu'il est sa mère, ou son père, un animal, ou une voiture... ou tout autre chose encore. Il lui est sûrement déjà arrivé d'endormir ou de donner à manger à sa poupée « comme maman ». Il ne s'agissait pas alors d'un véritable « jeu de rôles », mais de l'imitation d'activités qu'il avait eu l'occasion d'observer.

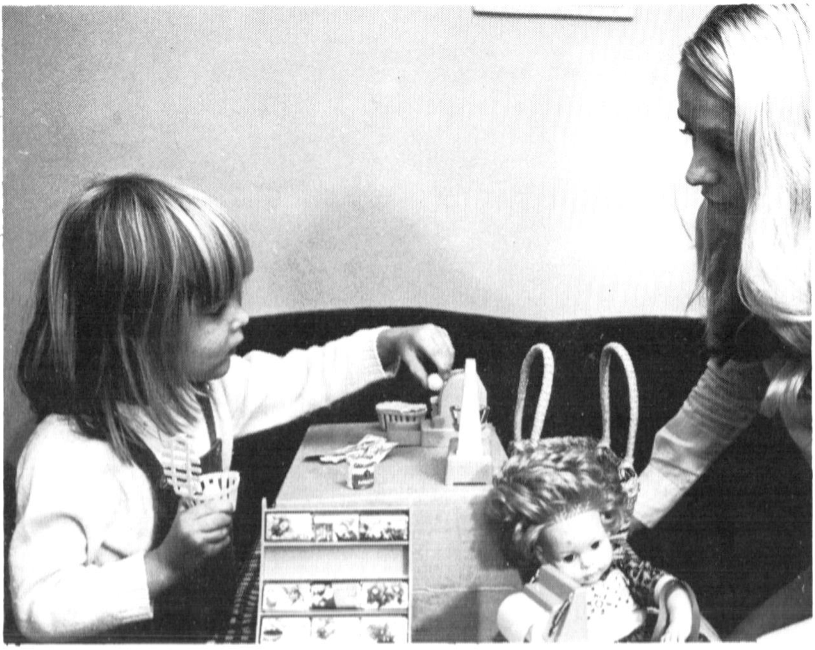

Faites jouer l'enfant à la « marchande » en vous rapprochant de plus en plus de la réalité : commencez par étaler les marchandises sur la table, puis utilisez de l'argent « pour jouer », et donnez des prix aux choses.

Ce n'est que lorsqu'il fait véritablement la distinction entre « moi » et « toi » qu'il peut intervertir les rôles. Dans la mesure où il prend le rôle du « toi », il s'identifie à lui et adopte son comportement. Le jeu ne se borne plus, alors, à une simple imitation. L'enfant « est » véritablement la personne ou l'objet qu'il représente. Il en apprend, en même temps, davantage sur lui-même et non plus seulement sur les autres. Le jeu maman-enfant l'aide à réaliser le comportement de sa mère, ainsi que son « rôle » d'enfant.

Cette forme de jeu est un moyen essentiel pour arriver à s'affirmer et à appréhender les normes de la vie en société. L'enfant pénètre ainsi certaines règles de comportement qu'il n'avait fait qu'accepter mécaniquement, ou repousser, jusqu'alors. Il les met en application tout en jouant. Il est même prêt à accepter certaines contraintes – comme le rangement – contre lesquelles il s'était toujours révolté.

En outre, il se familiarise avec des domaines qui ne font pas partie de « sa » réalité. Il peut être pilote ou infirmier, ou soigner comme le médecin : le jeu lui ouvre le monde des grandes personnes. Il franchit le fossé qui sépare ses possibilités véritables de celles dont il rêve. Il y trouve, en outre, un moyen d'exprimer ses difficultés mentales et de chercher à les résoudre : il répond aux conflits qui le perturbent. Observez bien votre enfant pendant qu'il joue, vous en apprendrez beaucoup sur ses problèmes. S'il gronde souvent sa poupée, s'il la bat, vous pourrez vous demander si vous ne passez pas votre temps à lui faire des remontrances. S'il se démène comme un « ours en cage », vous en déduirez peut-être que vous avez trop brimé son besoin de se dépenser.

Le « jeu de rôles » prend forme progressivement. Il sera très important que vous aidiez à son développement, car cette forme de jeu devient de plus en plus significative dans les années suivantes. Elle constitue même l'essentiel des activités de l'enfant entre 3 et 6 ans. C'est, en effet, à cet âge que les conditions optima seront réunies : langage courant, faculté d'observation et d'imitation, possibilité de jouer le rôle d'un autre, respect de certaines règles... Tous ces domaines sont sollicités et favorisés par le jeu de rôles.

Voici comment vous pouvez aider votre enfant :
– Proposez-lui de jouer un rôle qu'il connaît bien : « Maintenant, tu es le marchand, et je vais t'acheter quelque chose. » Vous prenez alors le rôle du client.
– Elargissez les idées qui lui viennent spontanément, par une phrase de ce style : « Et que fait encore le marchand ? » Montrez-lui ce qu'il peut faire d'autre. Il suffit généralement d'un tout petit « coup de pouce » pour que le jeu progresse.
– Mettez à sa disposition tout ce dont il peut avoir besoin : la ressemblance avec les « vrais » objets est accessoire. Il faut cependant que l'enfant puisse faire ce qu'il veut avec ce qu'il a : un simple petit seau peut être la caisse du marchand. Les objets changent de fonction selon les besoins.
– Donnez-lui l'occasion de découvrir des rôles intéressants. C'est en cela que vous l'aiderez le mieux. Attirez son attention sur des événements nouveaux, sur des objets qu'il ne connaît pas. Faites-lui découvrir ce qui se passe autour de lui : « Que fait le conducteur d'autobus ? » « Que fait le chauffeur de taxi ? » « Comment marche la grue ? » « Que fait la serveuse dans le restaurant ? » L'enfant doit avoir l'occasion d'observer beaucoup de gens au travail, beaucoup d'objets remplissant leur fonction.

Ce qu'il faut pour les jeux de rôles

L'enfant trouvera dans la maison pratiquement tout ce dont il a besoin. Du sparadrap, des bandages, pour jouer au docteur ; des casseroles et des cuillères en bois, pour jouer au cuisinier, ou à la maîtresse de maison ; des chapeaux, des écharpes, ou de vieilles nappes, pour se déguiser au gré de sa fantaisie. Voilà le point de départ du « jeu de rôles ».

Les jouets fournissent également tout un choix de possibilités. Il existe des panoplies complètes de docteur, de postier, de marchand, qui permettent d'orienter le jeu. Mais elles ne sont pas indispensables pour provoquer l'imagination. Si l'enfant est pris dans le jeu, un simple cube fera un tampon de postier idéal. Les jouets trop proches de la réalité ont d'ailleurs l'inconvénient de servir plus difficilement à autre chose que ce à quoi ils sont destinés : un baigneur qui parle et ferme les yeux ne sera jamais rien d'autre qu'un bébé. Alors qu'une simple poupée de chiffon pourra être tour à tour l'enfant, la maman, la vendeuse, ou le conducteur de grue. Au fur et à mesure que l'enfant grandit, il faudra respecter son goût pour les jouets qui ressemblent à la réalité : vous l'aiderez ainsi à entrer dans le monde des adultes. Stimulez son imagination en lui faisant découvrir les différentes façons d'utiliser un même objet : une cuillère sera, selon les besoins du moment, une pelle pour des travaux de construction, une personne qui parle avec une fourchette ! Une boîte à chaussures deviendra une trousse de médecin, une voiture, un berceau, une maison, une niche...

Les poupées et les animaux jouent maintenant des rôles, eux aussi. L'enfant ne les considère plus uniquement comme des objets à câliner. Vous pouvez donc facilement compléter ses richesses. Achetez ou fabriquez des marionnettes. Vous aidez ainsi l'enfant à jouer différents rôles. Montrez-lui pour commencer, comment il doit s'y prendre.

Les jeux de création consciente

Jusqu'à 2 ans, l'enfant, s'il se trouvait sur un tas de sable, ne disait pas : « Je construis une montagne. » Il se contentait d'entasser du sable, puis de l'aplanir. Il faisait connaissance avec le matériau. Il apprenait à manipuler des pierres, de l'eau, de la terre, de la neige, des cubes...

Plus il faisait alors d'expériences avec les objets, plus importante était la somme de représentations et d'images qui venaient s'ancrer dans sa mémoire. La double faculté de connaître les matériaux et de se représenter les objets est le point de départ des jeux de création. S'il arrive à l'enfant de reproduire par un dessin ou une construction, une forme rappelant un objet qu'il connaît déjà, il donnera le nom de cet objet à sa création.

Il va également commencer à indiquer — dans le courant du processus de création — ce qu'il a l'intention de faire. Il choisira, dès le départ, son objectif ; mais il peut aussi en changer au cours du jeu s'il découvre une nouvelle possibilité.

Lors de leurs créations, les enfants ne s'orientent pas encore d'après le modèle concret. Ils se contentent de représenter les lignes qui leur semblent essentielles. Il ne s'agit donc pas d'une similitude parfaite. Ils reproduisent, par exemple, en très grand ce qui est essentiel à leurs yeux. Ils choisissent les couleurs bien plus en fonction de leurs sympathies et de leurs antipathies qu'en fonction du modèle. Ils complètent oralement ce qu'ils n'arrivent pas à exprimer concrètement. Ces explications et le nom qu'ils donnent visent à rapprocher l'objet représenté de son modèle. La ressemblance va s'accroître durant les années à venir. L'enfant aura alors une idée plus précise du but à atteindre et agira en conséquence. Il ne faut pas — à cet âge-là — regarder ces créations comme des œuvres d'art. Elles aident plutôt l'enfant à conquérir intellectuellement le monde qui l'entoure. Il est obligé de voir les choses telles qu'elles sont et de trouver les moyens de les reproduire. Il met plus ou moins de temps à passer de la simple découverte du matériau à son application. Plus il aura eu affaire à

La pâte à modeler permet à l'enfant de donner libre cours à son activité créatrice. Il compare ses réalisations avec leur modèle, et s'exerce à leur donner une forme.

un certain matériau, plus vite et mieux il saura l'utiliser pour lui donner une forme.

En outre, dès la 2e année, l'enfant fait la « découverte de son propre ouvrage » — celui-ci devient à ses yeux le résultat de son acte. Il poursuit donc un objectif qui va au-delà de la simple activité et de la joie qui en découle. Sa création prend une valeur intrinsèque. La classification des objets (plaquettes de couleurs assorties, alignement de cubes, dessin selon un modèle simple) constitue un nouveau stade essentiel de l'apprentissage de la création consciente. L'enfant s'habitue ainsi aux objets et commence à les utiliser avec une assurance grandissante. Ses classifications paraissent parfois dénuées de sens à nos yeux d'adultes. Nous avons tendance à ne pas en tenir compte et à vouloir imposer notre propre conception du rangement. Nous risquons, ce faisant, de bloquer son approche du monde. Nos idées à nous lui sont souvent incompréhensibles. Nous pouvons toutefois donner à l'enfant la joie du rangement sensé en transformant en jeu la mise en ordre de la chambre. Il s'agira, par exemple, de reconduire l'auto au garage...

De même, lorsque nous jugeons son « ouvrage », gardons-nous de nous référer éternellement à notre conscience de la réalité, pour le corriger ou le critiquer. Mieux vaut parler avec lui pour savoir ce qu'il a voulu représenter, et le laisser s'exprimer librement. Cette solution permettra de transmettre à l'enfant une idée exacte des objets, et l'aidera à les reproduire.

Le matériel

L'enfant doit en avoir assez à sa disposition : 3 crayons de couleur et une feuille de papier ne lui suffisent pas ! Donnez-lui beaucoup de crayons feutres, de peinture à l'eau, de pinceaux, un gros bloc de pâte à modeler dont il prendra lui-même ce qu'il voudra. Installez-lui, si vous le pouvez, un tas de sable dans un coin du balcon, qu'il pourra mouiller pour lui donner toutes sortes de formes. Donnez-lui aussi des matériaux qui ne sont pas exclusivement conçus pour le jeu : du papier journal, du tissu, des pierres, du caoutchouc mousse...

L'enfant a également besoin d'outils pour s'initier aux différentes techniques de construction. Apprenez-lui à se servir de ciseaux et d'un marteau. Mais ne le quittez surtout pas des yeux !

Les perles, les cubes, les plaquettes de couleur, les cartes à jouer, pourront également lui apprendre à classer les objets. Toutes ces choses sont très faciles à utiliser car elles ont des formes simples. L'enfant peut aisément les rassembler et découvrir des formes nouvelles.

Jeux de concentration

Entre 2 et 3 ans, les enfants ne savent pas encore passer un long moment sur un même jeu. Une étude a établi que la durée de concentration moyenne était de 7 minutes. En effet, leur attention a encore du mal à s'en tenir à un objet unique. Elle s'attache bien plus à l'action immédiate, aux mouvements, à l'objet qui se trouve justement à portée de la main.

L'enfant quitte son activité initiale dès qu'elle ne lui apporte plus rien, ou qu'il a quelque chose de nouveau sous les yeux. Il a été démontré que les enfants qui étaient capables de concentration dès cet âge-là, gardaient cette faculté pour l'avenir. Peut-on donc développer cette capacité de concentration ? Aucune pression extérieure ne sera ici efficace, pas plus que l'exemple. Seul un intérêt véritable conduira à une concentration prolongée. C'est cet intérêt que vous pouvez accroître indirectement en offrant à l'enfant de bonnes conditions de jeu.

– Donnez-lui des jouets qu'il pourra utiliser de cent façons différentes.

– Donnez-lui également des jouets qui demandent un effort. Aidez-le un peu s'il est rebuté par la difficulté. Encouragez-le à continuer tant qu'il en est capable, même si ce n'est pas très facile.

– Ne rangez pas trop rapidement. Une construction entamée peut très bien rester en attente quelques jours : l'enfant y acquerra un sentiment de continuité et l'envie de reprendre son jeu là où il l'a laissé.

– Jouez avec lui ! Cela n'en aura que plus d'attrait à ses yeux. Il suffit parfois de vous asseoir à ses côtés et de lui poser quelques questions de temps à autre.

– Inventez vous-même des jeux de concentration. Trouvez-en qui font appel à son besoin de mouvement. La concentration ne signifie pas qu'il faut rester assis, immobile, à réfléchir, mais qu'il faut s'intéresser lon-

guement à une seule et même activité. Les jeux d'adresse et de mouvement s'y rattachent : c'est le cas de la balançoire, ou tout simplement de l'inventaire d'un tiroir rempli. La concentration physique est aussi importante pour le bon développement de l'enfant que la concentration intellectuelle.
– Ne prenez pas l'agitation pour un manque de concentration, dans le courant d'un jeu : l'enfant peut fort bien changer de place ou faire autre chose en même temps.
– Respectez le « sérieux » du jeu. Ne l'interrompez pas arbitrairement.

Les jouets qui développent la concentration

Tous les jouets qui tiennent l'enfant en éveil pendant un bon laps de temps sont, bien sûr, excellents pour développer sa capacité de concentration.

Certains lui donnent envie de continuer jusqu'à ce qu'il ait atteint un objectif précis. Ce sont les puzzles, les éléments à encastrer, à visser, à assembler... De même, tous les jouets mobiles exercent sur lui une véritable fascination : le train en bois, le camion avec sa remorque, la toupie...

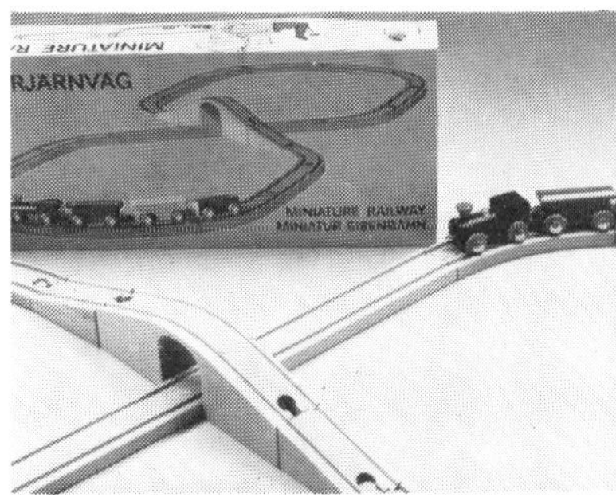

Ces quelques photos vous donnent un échantillonnage de jouets qui ont le mérite d'amuser l'enfant et de développer chez lui diverses facultés essentielles.

L'enfant aime de plus en plus les livres d'images. Mais ces livres ne « s'animent » que lorsque papa, ou maman, lit les textes à plusieurs reprises, ou invente des histoires à partir des illustrations.

Les jeux qui font découvrir le monde

L'enfant apprend, au moyen du jeu, à pénétrer de plus en plus le monde qui l'entoure. Les découvertes qu'il fait en cette occasion dépassent de beaucoup celles qu'on lui enseignerait, ou qu'il ferait par sa simple observation.

Il est primordial de lui donner, dans sa chambre et grâce à ses jouets, un « champ d'activité » qui lui convient. Mais il ne faudrait pas le limiter à ces jeux qui ne sont qu'un ersatz du monde des adultes. Le monde du jeu, qui se borne aux besoins de l'enfant, est pauvre en stimuli et en difficultés. Couper artificiellement l'enfant du monde des adultes serait un obstacle à la découverte réaliste de lui-même. C'est pourquoi il faudra, autant que possible, lui permettre d'appréhender le monde qui l'entoure. Il doit être en contact avec un maximum de choses : c'est en les approchant sans crainte qu'il fera pour l'avenir l'expérience de ses possibilités et de ses limites.

L'éducation

Objectifs de l'éducation :
les points importants

Les différents types
d'éducation
et leurs conséquences

Les devoirs de l'éducateur
pour la 3e année

Les parents
et la sexualité

Objectifs de l'éducation : les points importants

Les enfants nés pendant cette décennie seront de jeunes adultes en l'an 2000. Leur éducation, leur formation se situeront dans la perspective d'un avenir que les futurologues eux-mêmes ne savent pas définir. Le rôle des parents s'en trouve considérablement alourdi.

Les objectifs de l'éducation devront au moins respecter les impératifs suivants :

• Ils doivent tenir compte des circonstances sociales, économiques, politiques et culturelles dans lesquelles l'enfant sera amené à vivre : les modifications intervenant à un rythme accéléré exigent un esprit créateur, un sens critique et une souplesse d'esprit qui permettront d'affronter les bouleversements éventuels.

• Ils doivent respecter l'individualité de l'enfant, ses aptitudes physiques, intellectuelles et psychologiques, mais aussi sa situation sociale. Il ne faut être ni trop, ni trop peu exigeant ; l'éducation ne doit pas brimer le tempérament.

• Ils doivent tenir compte de la situation des parents, puisque ce sont eux qui sont les plus proches soutiens de l'enfant. Si la formation, la situation matérielle, ou l'activité professionnelle des parents les empêchent d'aboutir aux objectifs d'éducation visés, c'est à la société tout entière de réaliser l'équilibre des chances : elle se doit de rattraper, par des mesures appropriées, les déficits apparus dès l'âge préscolaire.

• Ils ne doivent en aucun cas se contredire, ni s'annuler.

• Ils doivent tenir compte du degré d'évolution de l'enfant. Dans la mesure où ils sont énoncés concrètement, il vaut mieux parler de connaissances que d'éducation : savoir, par exemple, que tel bouton correspond à telle boutonnière, que dans un groupe d'enfants chacun a ses propres ambitions que les autres doivent respecter.

Objectifs d'éducation dans les différents livres des parents

Chaque fois que nous indiquons aux parents l'attitude à adopter, nous abordons un objectif d'éducation. Lorsque nous parlons, par exemple, du rythme de la journée – tout en précisant qu'il peut y avoir des écarts –, nous apprenons à l'enfant à la fois le respect de l'ordre et la souplesse.

Les points particulièrement importants pour le développement de la personnalité de l'enfant sont traités dans le chapitre « Devoirs d'éducation ».

Vous verrez dans les chapitres du Programme du développement à quel point ils font appel à toutes les facultés et aptitudes de l'enfant.

Les objectifs à long terme seront, par contre, évoqués dans les deux paragraphes suivants.

Objectifs éducatifs d'aujourd'hui

Pour ce qui concerne les développements futurs, ils sont déterminés par certaines personnes et certains groupes. Interviennent dans ce domaine les experts des sciences humaines (pédagogie, psychologie, sociologie), mais aussi l'Etat avec ses instances législatives et ses organismes responsables en matière d'éducation.

Le jeune de 18 ans, qui prend une part active à la vie politique puisqu'il a le droit de vote, doit être réellement considéré comme « majeur » : il doit pouvoir décider de lui-même, être informé des motivations, des conditions et des conséquences de ses décisions, être *actif*.

La loi n'établit pas le comportement qu'implique la *« majorité »*. L'enseignement trace un cadre respecté selon les possibilités des différentes écoles ; mais *les parents sont bel et bien les responsables de l'éducation de leur enfant,* ainsi que des objectifs qu'ils leur ont choisis.

Objectifs du pédagogue von Hentig

Nous reprenons à notre compte les grands principes éducatifs pour l'école primaire, élaborés par le pédagogue H. von Hentig, qui nous paraissent essentiels pour l'avenir de l'enfant :
– Ils donnent un aperçu différencié des divers objectifs d'éducation.
– Ces objectifs sont concrets.
– Ils peuvent être le point de départ de nos propres réflexions.
– Ils s'appuient sur la situation sociale, économique, politique et culturelle actuelle.

Nous faisons suivre l'énoncé de chaque objectif d'un bref commentaire.

La vie et la division du travail : la spécialisation. La capacité de considérer les activités spécialisées dans leur complexe fonctionnel et de formuler des critiques. Coopération et communication.

L'adolescent doit comprendre le sens de la spécialisation, et l'accepter dans la mesure du possible, pour lui-même et au sein de son activité professionnelle sans perdre de vue l'ensemble dans lequel elle se situe.

Tant que le processus de travail le permet, les travailleurs individuels doivent coopérer et intensifier la communication avec autrui.

La vie dans un monde rationalisé par la science et la technique. Connaissance et compréhension du principe de la science, de son processus fondamental, de ses limites. Notion d'abstraction. La technique en tant que soulagement et système rationnel.

Les découvertes et les méthodes scientifiques déterminent de plus en plus la vie professionnelle et la vie quotidienne de chacun d'entre nous. Les hommes devraient donc connaître les méthodes scientifiques fondamentales (formation des hypothèses, planification et explication expérimentales, mode d'interprétation des expériences, formation de la théorie...), afin de pouvoir constituer leur propre jugement.

La vie professionnelle entre la théorie et la pratique. Formation professionnelle. Pratique professionnelle. Faculté du choix d'une profession. Prise de conscience de la possibilité de société dans chaque profession.

L'activité professionnelle pratique ne devrait jamais s'écarter de la théorie qui lui correspond. L'adolescent devrait trouver dans le courant de ses études les moyens d'embrasser, ultérieurement, la profession qui lui convient.

La vie avec la plénitude des moyens et la multiplicité des objectifs. La faculté de choisir, de fixer des objectifs, d'utiliser l'espace vital. Tolérance et critique des autres positions.

Apprendre à faire un juste choix entre les produits offerts, les informations, les types de loisirs, les jouissances multiples. Possibilité d'appréciation. Dans le même temps, la société pluraliste impose une grande tolérance pour les points de vue différents, ainsi qu'un esprit critique.

La vie avec la faculté de réceptivité. Faculté de profiter du milieu dans lequel on se trouve, de le critiquer, de le modifier. Compréhension des conditions sociales et des effets des phénomènes esthétiques. Renforcement du « moi » par une sensibilisation de la perception.

Tous les objets appréhendés — au sens le plus large du terme — produisent sur nous un effet durable. Ils ont de vastes conséquences sociales. Chacun devrait donc savoir critiquer, utiliser et profiter des objets qui constituent son milieu. Ainsi se développera la créativité de chacun, se renforcera sa personnalité et s'affinera sa perception.

La vie dans la démocratie et la politique. Capacité d'identifier et de prendre conscience des intérêts particuliers. Conflit et consensus. Rejet d'une fausse responsabilité. Curiosité pour la chose publique. Apprentissage sociopsychologique de l'autocritique et de l'autodétermination.

L'adolescent doit être prêt à vivre en interdépendance avec tous les citoyens de l'Etat. Cela signifie qu'il mette ses propres possibilités au service de la démocratie. Surmonter les conflits, assumer sa responsabilité, rechercher des terrains d'entente... tels sont les fondements du comportement politique.

La vie dans la société de consommation. Critique de sa propre consommation. Utilisation des mass media. Relation entre production, consommation et répartition sociale des richesses. Jouissance artistique et jouissance de soi-même. Suppression des tabous sexuels. Créativité dans la pensée, la prise de conscience et le comportement.

L'adolescent doit réaliser dans quelle mesure il est conditionné par son environnement, savoir qu'il doit défendre sa liberté contre les atteintes extérieures, et que son épanouissement passe par une affirmation de lui-même du point de vue de sa liberté, de sa consommation, de sa sexualité.

La vie dans le monde sécularisé. Passage continuel des représentations magiques et mystiques à des explications causales rationnelles. Conscience permanente des phases irrationnelles de notre expérience.

Malgré une augmentation des explications scientifiques, demeure chez chacun de nous une masse d'expériences irrationnelles qui accompagnent et déterminent le développement de la personnalité.

La vie avec des techniques qui facilitent l'existence. Utilisation systématique d'ouvrages de référence, de bibliothèques, d'indices, de statistiques, de graphiques, d'ordinateurs et de techniques de reproduction. Savoir taper à la machine et conduire un véhicule.

L'adolescent devrait apprendre ces techniques qui lui permettent de gagner du temps qu'il consacrera à des occupations plus importantes.

La vie avec son propre corps. Ses instincts, sa propre personne. Avoir le souci de sa santé dans les villes. Savoir maîtriser ses instincts. Comprendre le développement et les modifications de soi-même.

L'adolescent doit savoir que l'évolution de sa personnalité va de pair avec celle de son organisme, de sa vie, de son comportement. Il devrait donc connaître les conditions de son existence physique et psychologique, tenter d'établir le climat nécessaire à un bon état physique et compenser par lui-même tout ce qui pourrait lui nuire.

La vie avec les autres générations. Connaissance et expérience consciente de l'ensemble des lois psychologiques et sociopsychologiques. Bases de pédagogie. Connaissance pratique de l'éducation à donner à ses propres enfants à l'âge préscolaire.

L'adolescent devrait en apprendre suffisamment sur les autres hommes pour en déduire l'attitude à adopter vis-à-vis des générations qui le suivent et le précèdent.

La vie dans le monde actuel. Maîtrise d'une langue étrangère : connaissance suffisamment approfondie de sa propre culture. Critique des idéologies de l'époque.

Les progrès des moyens de communication diminuent considérablement les distances. L'écolier qui apprend une ou plusieurs langues étrangères, se prépare à comprendre les habitants des autres pays. Il se frotte ainsi à d'autres opinions, élargit son horizon, et considère moins que son milieu et lui-même sont le centre du monde. C'est également le meilleur moyen d'intensifier la coopération internationale.

Les différents types d'éducation et leurs conséquences

Vous avez pratiquement la même attitude à l'égard de votre enfant, qu'il s'agisse des repas, du coucher ou des jeux. Vous vous comportez à peu près de la même façon dans des situations différentes : vous avez un style d'éducation qui comporte des caractéristiques bien définies.

Des expériences scientifiques établissant les différents styles d'éducation ont été réalisées essentiellement par les psychologues K. Lewin, R. Lippitt et R.K. White. Les recherches entreprises dès 1939 aux U.S.A. sur des groupes d'adolescents ont été confirmées par des expérimentations répétées. Il en ressort l'existence de 3 types essentiels d'éducation :
– l'éducation autoritaire,
– l'éducation démocratique,
– le laissez-faire.

Education autoritaire : autocratie

Les animateurs de groupes de jeunes avaient pour mission d'orienter les activités des adolescents sans toutefois leur préciser le but à atteindre. Ils leur indiquaient, au fur et à mesure, ce qu'ils avaient à faire. Le responsable ne se montrait ni désagréable, ni contraignant. Ses critiques étaient positives, mais il ne faisait pas pour autant de proposition d'amélioration. L'adolescent qui avait réussi une activité était personnellement félicité. Le groupe n'était pas impliqué.

Ce type d'activité limita de plus en plus les adolescents. Ils adoptèrent une attitude individualiste, étriquée, faisant de moins en moins de projets et diminuant leur activité spontanée. La dépendance à l'égard du responsable augmentait en même temps que les dissensions au sein du groupe. La coopération entre les adolescents diminuait : ils se contentaient des groupes constitués au lieu de chercher à créer de nouvelles relations.

Conséquences de l'éducation autocratique. Lewin et ses collaborateurs utilisaient le mot « autoritaire ». Mais comme ce terme a pris aujourd'hui une signification péjorative, nous emploierons plutôt ici, en accord avec les spécialistes actuels, le mot « autocratie » (gouvernement par un chef qui exerce une autorité sans limite).

Les parents qui se conduisent de manière autocratique envers leur enfant bloquent le développement de ses facultés : sa spontanéité, sa créativité et sa sensibilité stagnent. Un tel régime pendant plusieurs années va faire de l'enfant un être dépendant, incapable de prendre des initiatives, et toujours dans l'attente de directives. Il ne saura plus prendre de décision par lui-même et perdra confiance en lui. Il aura en outre du mal à établir des contacts avec l'extérieur. Ce type d'éducation est particulièrement nocif lorsque s'y ajoutent des tendances hostiles (punitions, ordres), ou un refus manifeste de l'enfant (naissance non désirée, sentiment de privation de liberté pour l'un des parents). L'enfant devient alors agressif, puis dépressif, lorsqu'il n'arrive pas, par son agressivité, à gagner l'attention ou l'amour qui lui manquent.

Education démocratique : intégration dans la société

Dans d'autres groupes, l'animateur se comportait de façon démocratique : il exposait l'objectif de l'activité entreprise, informait en détail les adolescents, proposait de discuter les plans, tandis que le groupe décidait en dernier ressort. Puis les jeunes gens réfléchissaient sur les tâches à accomplir, se les partageaient, et constituaient spontanément des sous-groupes. L'animateur incitait fréquemment les adolescents à prendre eux-mêmes leurs décisions et ne donnait pratiquement aucun ordre. Par contre, s'il faisait lui-même une proposition, la décision finale revenait tout de même au groupe. Les activités n'étaient jamais interrompues par l'animateur, et le travail s'effectuait par les adolescents, sous leur propre responsabilité, en fonction de leur initiative. Dans ce type d'éducation, l'animateur se contentait d'intervenir sans jamais collaborer directement. Il s'entretenait avec les adolescents de leurs problèmes particuliers.

Les résultats du groupe augmentèrent considérablement, du point de vue de la créativité et de la diversité. Chacun prenait à cœur sa coopération ; le contact avec l'animateur était cordial, tel celui qui s'établit entre des associés. La dépendance à l'égard de son jugement était moindre que dans un groupe dirigé de façon autoritaire. Un bon contact s'établit spontanément entre les participants, des sous-groupes se constituèrent spontanément, qui subsistèrent pendant un bon laps de temps. S'il arrivait que l'animateur s'absentât un moment ou vînt en retard, le travail était tout de même fait, tandis que dans un groupe contrôlé de façon autoritaire, la présence du « chef » se révéla indispensable.

Conséquences de l'éducation démocratique. « L'intégration dans la société » implique une coopération et une dépendance réciproques plus affirmées que dans le concept de « démocratie ». Les enfants développent leurs initiatives personnelles, apprennent à organiser leur travail et à s'attacher à sa qualité. La satisfaction devant la tâche accomplie est plus grande, le rapport établi avec les adultes se fait davantage sur un plan d'égalité. Les parents ne se prennent pas pour les « détenteurs de l'autorité ». Ils sont bien plus des aides qui proposent tandis que l'enfant dispose ; ils lui laissent ainsi une grande faculté de décision. L'enfant ne considère plus ceux de son âge comme des concurrents, mais comme des amis qui peuvent coopérer avec lui. Son comportement émotionnel est détendu. son autonomie grandit, ce qui l'aide à trouver son équilibre.

Le « laissez-faire » : éducation anti-autoritaire

Dans certains groupes, les animateurs eurent un comportement essentiellement passif. Ils ne faisaient aucune suggestion de travail ; ils n'aidaient pas à la constitution des groupes. Ils répondaient toutefois aux questions que les jeunes pouvaient leur poser. Ils ne prenaient aucune part active dans les travaux, mais avaient toujours un comportement plutôt amical qu'indifférent. Ils ne tranchaient pas, lors de discussions, et ne portaient pas de jugement sur les travaux réalisés.

Ce type d'éducation amena les adolescents à se grouper spontanément. Mais les projets à l'intérieur des groupes étaient trop divergents pour être acceptés unanimement : ceux-ci éclatèrent rapidement sans avoir atteint leurs objectifs. La dépendance à l'égard de l'animateur apparut en multiples occasions : le groupe n'était pas satisfait de ses propres prestations.

Conséquences du « laissez-faire ». La plupart des espoirs spectaculaires que l'on avait fondés, ces dernières années, sur ce type d'éducation sont demeurés vains. Il ne faut cependant pas oublier que l'éducation prônée par Neill, dans son livre *Théorie et pratique de l'éducation anti-autoritaire,* est davantage tournée vers l'intégration sociale que vers l'anti-autorité.

L'éducation anti-autoritaire a de plus en plus conduit au « laissez-faire ». Et c'est pourquoi cela fut un échec pour l'essentiel. Dans l'éducation anti-autoritaire (entendez « laissez-faire »), les enfants doivent trouver eux-mêmes leurs modèles pour agir. Cette « autorégulation », lorsqu'il s'agit d'accroître leurs connaissances, ne leur fait faire que des progrès au ralenti. Ils ne reçoivent aucune appréciation, ce qui compromet à la fois leur faculté de décision et leur confiance en eux-mêmes. L'attitude agressive à l'égard de l'adulte qui ne s'occupe pas assez d'eux se reporte sur tout leur entourage, voire sur eux-mêmes. Dans la pratique, l'adulte abandonne rapidement le style « laissez-faire », se voyant obligé — surtout chez le petit enfant — de l'orienter, de l'aider, et de pratiquer dès lors une méthode d'intégration sociale ou d'autocratie.

Styles et objectifs d'éducation

Essayez de comparer le style d'éducation que vous avez adopté pour votre enfant aux trois types que nous venons de vous présenter. Vous constaterez sans doute que vous suivez plutôt l'« intégration dans la société » ou bien l'« autocratie ». Vous verrez alors que votre style d'éducation entraîne certains effets plutôt que d'autres. L'« intégration dans la société » semble être le type d'éducation qui convient le mieux, eu égard à la conjoncture sociale et aux tendances actuelles. Ceci vaut tout au moins durant les premières années de la vie au sein de la famille. L'école apporte ensuite, par son organisation — un professeur en face d'un important groupe d'élèves —, une initiation à la vie, tandis que les formes, parfois autocratiques, de l'orientation le préparent à la société industrielle telle qu'elle est, hélas ! aujourd'hui.

N'oubliez pas non plus que différentes situations peuvent modifier votre style d'éducation : tenue à l'extérieur, heure du coucher ; que l'âge de l'enfant joue un rôle sur son éducation, de même que les tendances « à la mode », sans que vous ne vous en rendiez toujours compte.

Il est essentiel, dans l'intérêt de l'enfant et de son bon développement, que vous ne changiez pas fréquemment, ou brutalement, de style d'éducation.

Les devoirs de l'éducateur pour la 3e année

Autonomie et apprentissage

L'enfant essaie constamment d'améliorer ses capacités en agissant par lui-même. Il veut se prouver et prouver aux autres qu'il est déjà « quelqu'un » puisqu'il n'a plus obligatoirement besoin des adultes.

L'éducation de l'autonomie ne signifie pas que vous devez toujours pousser, voire obliger, votre enfant à se débrouiller seul. Bien au contraire. Des expériences ont démontré que l'on obtenait des résultats négatifs en forçant exagérément l'enfant à devenir autonome. On aboutit alors à une grande dépendance à l'égard de l'adulte, plus précisément de son appréciation, d'où il résulte soit un état passif, soit une saturation légitime. L'engagement ne se fait pas par plaisir ou par goût du travail, mais seulement par le besoin d'obtenir un satisfecit de son entourage, et de donner une « bonne impression ». Les travaux sont accomplis sous une contrainte psychologique, ce qui est peu satisfaisant pour la personnalité du sujet !

L'enfant de cet âge ne devrait donc pas être « obligé » de faire telle ou telle chose. Laissez-le « oser » agir seul. Encouragez-le, donnez-lui les conseils dont il a besoin, et guidez-le de temps à autre – par une question ou une requête –, afin qu'il arrive au but qu'il s'est fixé. Il y gagnera une attitude positive de persévérance dans son travail.

Petits travaux. Les envies d'autonomie de l'enfant ne sont pas encore un soulagement pour ses parents, mais bien plutôt un surcroît de travail. Il est évident que vous iriez beaucoup plus vite en ne demandant pas à l'enfant de vous « aider ». Un jour, il casse une assiette en l'essuyant, un autre, il renverse de la soupe en mettant le couvert ; il salit le parquet que vous venez de nettoyer en voulant à tout prix passer la pelle et le balai ; il met une éternité à s'habiller tout seul...

Efforcez-vous, malgré tout, de ne pas lui faire faire des travaux inutiles, qu'il discerne très vite : il a alors le sentiment que vous ne le prenez pas au sérieux. L'enfant a besoin de petites tâches qu'il peut faire pratiquement seul. Ce n'est qu'ainsi que vous pouvez lui donner confiance en lui-même. En outre, en constatant qu'il peut véritablement participer aux travaux quotidiens de la maison, il acquiert très tôt le sens de la répartition du travail et du travail en équipe.

Les enfants cherchent toujours à imiter leurs parents : ce qui est désagréable pour les uns, le sera aussi très vite pour les autres. Le meilleur exemple est celui du rangement. Pourquoi donc les adultes y prennent-ils si peu de plaisir ? Parce que nous avons tous pratiquement conservé l'impression de notre enfance qui en faisait une occupation à la fois fastidieuse et désagréable ! Mais chaque adulte sait également, par expérience, que l'ordre est plus agréable que le désordre. Ne faites donc pas sentir à votre enfant que ranger ne vous amuse pas. Attirez son attention sur l'agrément d'avoir une chambre en ordre. Si vous lui indiquez l'intérêt du but à atteindre, l'activité qui y conduit perd alors son côté déplaisant.

L'enfant perçoit facilement les objectifs qui correspondent à son intérêt particulier. Aussi l'éducation devrait-elle tendre en premier lieu à l'acquisition de son autonomie : il souhaite, par exemple, arriver à se nourrir ou s'habiller seul. Ne faites pas faire par votre enfant les travaux que vous n'avez pas envie de faire. Il s'en rendrait compte immédiatement. Vous lui apprendriez ainsi à se décharger des corvées sur les autres !

Education de la propreté

L'enfant commence à être propre vers 27 mois si vous avez entrepris son éducation dans ce sens à 18 mois, ainsi que nous vous l'avons conseillé dans le tome 2 du *Livre des parents*. Il ne se mouille plus dans la journée, sauf s'il est fatigué ou malade. Il peut y avoir encore des accidents s'il souffre de problèmes d'ordre psychologique (conflit entre les parents, venue au monde d'un nouvel enfant, changement brutal d'environnement...). Il ne se souille pratiquement plus jamais dans la journée, et très rarement la nuit. L'enfant de 2 ans 1/2 peut encore se réveiller mouillé après une longue sieste. Les moments où il éprouve le besoin de vider sa vessie sont maintenant espacés de 5 heures, ou même davantage. L'organisme peut de mieux en mieux se contrôler. Certains enfants passent même toute une nuit sans se mouiller. Ils se réveillent quand ils sentent une pression dans leur vessie. D'autres restent secs pendant plusieurs nuits, puis se mouillent de nouveau. Les enfants n'y peuvent rien. Il serait donc parfaitement inutile de faire appel à leur « bonne volonté ». A 3 ans, beaucoup restent secs dans la mesure où rien ne vient les troubler. Mais ce n'est qu'à 5 ou 6 ans qu'ils savent suffisamment se maîtriser pour ne pas avoir d'accident lorsqu'ils sont perturbés ou fatigués.

Si vous n'avez pas encore entamé l'éducation à la propreté de votre enfant, vous pouvez vous y mettre le jour de ses 2 ans. Il sait maintenant tout à fait bien marcher et s'asseoir, et son vocabulaire est suffisant pour qu'il puisse vous prévenir en cas de besoin. Il fait la différence entre la vessie et les intestins, et connaît certainement l'expression pour vous avertir.

Voici à nouveau les points essentiels de l'apprentissage à la propreté :
– Montrez à l'enfant les couches sales, et expliquez-lui pourquoi il vaut mieux utiliser son pot ou les toilettes. C'est en lui montrant l'exemple que vous serez le plus convaincants !
– Achetez un siège qui s'adapte sur les toilettes s'il n'aime pas se servir de son pot.
– Asseyez-le pour qu'il s'habitue, sur son pot ou sur les toilettes. Il faut qu'il soit à l'aise. Il ne doit pas avoir froid, ni être en déséquilibre. Enlevez-lui complètement sa petite culotte : il se sentira mieux s'il a les jambes libres.
– Mettez-le quelques minutes sur son pot à son réveil et après les repas.
– Si la séance est concluante, ne soyez pas avare de louanges ! Laissez-le alors vous accompagner aux toilettes pour y vider lui-même le

En général, l'enfant n'aime pas tellement se promener. Mais si papa marche, alors que lui roule, cela devient extraordinaire !

contenu de son pot. Si rien ne vient au bout de 3 à 4 minutes, n'insistez pas. Ne le grondez pas, ne montrez pas votre « déception ».

– Lorsqu'il aura compris ce que vous attendez de lui, et qu'il vous aura avertie de ses besoins, contentez-vous de lui retirer son pantalon. Laissez-le ensuite se débrouiller seul. Beaucoup d'enfants savent rapidement se déshabiller et aller aux toilettes sans aide.

L'enfant aura une réaction positive devant ce problème si vous savez l'éduquer sans contrainte. Vous vous en rendrez compte en l'entendant se congratuler avec vos propres mots.

Il peut y avoir à nouveau des rechutes vers 2 ans 1/2. N'oubliez pas qu'il s'agit d'un âge très difficile, dont les conséquences sont également sensibles dans ce domaine-là. L'enfant se retient parfois si longtemps qu'il ne se précipite aux toilettes qu'au dernier moment. Et il se salit en route. Ou bien, il se crispe à tel point que rien ne vient. Il peut rester constipé durant 1 jour ou 2. Mais ne lui donnez de laxatif léger qu'en cas extrême, et après en avoir parlé au médecin. Sinon, vous empêchez l'organisme de se régler de lui-même. L'origine peut en être une lenteur des organes digestifs.

Ne vous étonnez pas si l'enfant s'intéresse de très près au mécanisme d'excrétion des autres personnes ou des animaux ! C'est un cas fréquent à son âge, car il découvre son propre corps et ses fonctions.

L'âge de la contestation : une phase inévitable dans le développement ?

Les six derniers mois de la 2e année sont le point culminant de la contestation chez l'enfant qui veut affirmer de plus en plus énergiquement sa volonté, et réagit par la négative ou la colère aux interdictions et aux ordres des adultes. Il serait plus exact de dire que les adultes se heurtent de plus en plus à la volonté de l'enfant, ce qui l'encourage à s'affirmer davantage.

Des réactions de ce type apparaissent déjà chez des plus jeunes : l'enfant crie jusqu'à devenir écarlate, retient sa respiration, se cabre... Nous ne pensons pas alors qu'il s'agisse déjà d'une contestation consciente, et nous n'en parlons même pas. Pourtant, l'enfant de cet âge ne sait pas exprimer autrement sa volonté. Il ne formule ses désirs avec plus de clarté que lorsqu'il commence à parler. Il dit alors : « Non, je ne veux pas ! », et appuie parfois son intention par une fuite délibérée. Nous voyons qu'il n'est pas d'accord.

L'évolution psychologique de l'enfant nécessite que l'adulte modifie sans cesse ses réactions en fonction de la situation. L'enfant contestera de plus en plus si son besoin d'autonomie et de liberté se trouve trop brimé, si sa spontanéité et ses intentions sont mal comprises des adultes. Les différends ne feront qu'augmenter si l'adulte les considère comme une atteinte à son « pouvoir ».

La contestation est une réaction de *défense*. Elle fait son apparition lorsque l'enfant se trouve confronté à des exigences qu'il ne peut remplir, et les ressent comme une brimade, ou une atteinte douloureuse. Il faut alors la considérer comme l'expression positive des impulsions et de la volonté. Elle surgit également lorsqu'on en demande trop à l'enfant, que l'on surestime son indépendance et son autonomie, ou que l'adulte le laisse seul en face de ses difficultés et de ses besoins, après s'en être occupé avec soin et tendresse.

Par contre, la contestation disparaît très vite lorsque l'enfant a découvert une tâche qui lui plaît et qui correspond à son niveau de développement. La contestation n'est donc jamais « aveugle », même si elle en donne l'impression au cours d'une colère. Mais elle est toujours un *défaut d'adaptation de l'adulte à l'enfant*. C'est pourquoi l'on a coutume de dire que c'est un âge qui vient obligatoirement, mais qui ne doit pas être dramatique. On remarquera également que la contestation s'adresse toujours aux adultes, voire à certaines personnes en particulier. Elle ne se manifeste jamais au sein d'un groupe d'enfants, pas même lorsqu'il se constitue spontanément une forme de hiérarchie qui implique de strictes règles de comportement. Les enfants de cet âge acceptent volontiers de se soumettre.

Vous trouverez, ci-dessous, quelques indications sur la conduite à adopter à l'égard de votre petit contestataire.

• Etablir des compromis. Quel que soit le respect que les parents aient pour la liberté de leur enfant, ils sont obligés de lui imposer des ordres et des interdits. Mais l'enfant doit pouvoir les trouver justes et les comprendre. Il sent déjà très bien si les ordres donnés sont raisonnables ou non. Ceux qui sont raisonnables sont motivés par les contingences évidentes de la réalité ; les autres sont dus au besoin de tranquillité et au manque de patience des parents.

Si l'autorité parentale est le seul critère, l'enfant perd la possibilité de décider par lui-même, et de porter un jugement sur la valeur de l'ordre donné. On peut expliquer très tôt à l'enfant quelles sont les limites du raisonnable, en le mettant en garde par exemple contre les dangers du courant électrique, du gaz, des ciseaux... Il comprend aussi très bien que ses parents ne peuvent pas jouer avec lui toute la journée, car ils ont également autre chose à faire.

• Accepter les erreurs. Vous noterez peut-être, à cette lecture, que tel ordre n'est pas indispensable. Ayez la franchise de l'admettre en disant : « D'accord, je me suis trompé. C'est toi qui as raison. » L'enfant perçoit alors que vous ne vous croyez pas infaillible en matière d'autorité. Il voit que vous ne vous laissez pas impressionner par sa colère, mais que vous avez trouvé de vous-même la solution la plus juste. C'est extraordinaire ce que l'on obtient d'un enfant en le traitant ainsi.

• Eviter les ordres. Ne dites pas : « Tu dois t'arrêter de jouer parce que nous devons partir. » Faites plutôt une proposition concrète : « Il faudrait que nous sortions pour avoir le temps d'aller faire les courses. »

• Prévenir les réactions de contestation. Tous ces conseils devraient éviter à l'enfant d'entrer dans le cercle infernal de la contestation, d'où il lui sera très difficile de sortir de lui-même. Dès l'apparition de la contestation, réagissez avec humour ou en détournant son attention vers une activité passionnante : vous pouvez ainsi éviter une explosion de colère. Mais si le processus est déclenché, l'enfant n'est plus réceptif. Vous n'arriverez à rien en lui donnant une tranquille explication d'adulte. Il est alors trop préoccupé par ses propres envies pour accueillir un argument raisonnable. Le mieux est de le laisser franchement exploser, et d'aborder le conflit un peu plus tard.

• Conséquences des erreurs d'éducation. L'enfant a besoin de petits conflits avec ses parents, afin d'exercer sa volonté. Mais c'est toujours lui qui a le dessous. En imposant la contrainte, les parents font de lui un être qui n'ose plus rien décider de peur de mal faire. Il devient doux et docile, sans volonté, dépendant des autres pour ses décisions ; il n'apprend ni à agir, ni à mener ses activités jusqu'au bout.

Il est mauvais de laisser l'enfant seul avec ses accès de colère, de le mettre à la porte, ou de l'enfermer dans une pièce. Son agressivité est alors dirigée contre l'adulte qui l'a, à ses yeux, provoquée. Si l'adulte se retire, l'enfant reporte sa colère sur un autre, sur un objet, ou sur lui-même. Et ce peut être le point de départ d'un état dépressif ou apathique. Mais l'on n'évitera pas la contestation en renonçant à ordonner. Bien au contraire. C'est une des bases de l'éducation, qui ne doit toutefois jamais dégénérer en oppression. Une liberté totale finirait par rendre l'enfant malheureux. S'il ne se sent pas contrôlé et soutenu, il deviendra impuissant, peu sûr de lui, et la peur qui en résultera se transformera très vite en agressivité.

Les parents et la sexualité

Vous avez sûrement constaté que l'enfant s'intéresse maintenant beaucoup à son corps et à ses organes sexuels. Il lui arrive de se livrer à des manipulations qui lui procurent, manifestement, un plaisir certain, allant parfois jusqu'à une sorte d'orgasme. Le sexologue Charles Kinsey a observé, chez des bébés du sexe masculin, un « orgasme d'enfant ». Il décrit le processus comme une série de modifications physiologiques : mouvements rythmés du corps, accompagnés de pulsations au niveau du pénis et des bourses ; modification manifeste des organes sensoriels ; tension musculaire génitale, en particulier dans l'abdomen, les hanches et le dos ; puis relâchement brusque avec convulsions, ainsi que contractions anales rythmées. Enfin, disparition de tous ces phénomènes.

A côté du plaisir occasionnel, apparaît vers la fin de la 3e année un vrai goût pour l'exhibition et le spectacle. Lorsqu'ils jouent au docteur, les enfants se déshabillent et s'examinent entre eux avec beaucoup de précision. Ils s'intéressent surtout aux différences sexuelles. Les petits garçons et les petites filles comparent leurs positions respectives pour uriner. Ils veulent, en outre, voir leurs parents tout nus. Si ces derniers, par pudeur, ne veulent pas satisfaire leur curiosité, ils se « renseignent » en cachette. Ils regardent par le trou de la serrure lorsque l'un d'eux est aux toilettes, ou cherchent des prétextes pour rester dans la salle de bains en leur compagnie. Si les parents les ont informés franchement sur la sexualité, ils vont déjà poser de nombreuses questions : est-ce qu'ils auront un jour un pénis aussi gros que celui de leur père ? Est-ce qu'ils auront, eux aussi, des poils à cet endroit-là ? Pourquoi les filles ne sont pas du tout comme eux ? Est-ce qu'elles auront aussi un pénis quand elles seront plus grandes ?

La position des parents

Peut-être avez-vous déjà réfléchi aux réponses que vous donneriez dans ce genre de situation. La plupart des adultes ont été élevés dans la crainte de la sexualité et manquent totalement d'aisance pour en parler.

Ce chapitre n'est parfois jamais abordé au cours de l'éducation de l'enfant. De jeunes parents ont aujourd'hui encore tendance à minimiser les activités sexuelles de leur progéniture, et lui transmettent, consciemment ou inconsciemment, leur hostilité à l'égard de « ces choses » en disant, par exemple : « Mon enfant ne ferait jamais cela ! » Peut-être est-ce vrai. Mais, peut-être, aussi, le fait-il en cachette, ou de façon si dissimulée que les parents ne s'en aperçoivent pas : certains enfants se fabriquent un ersatz de jouissance sexuelle en agitant longtemps et brutalement leur tête ou leur corps tout entier.

En ignorant ou en réprimant la sexualité de leur enfant, les parents se créent l'illusion de maintenir un état « pur » et asexué. Beaucoup d'entre eux ont du mal à admettre cette part de la vie de l'enfant. Il ne suffit pas de tolérer que ce dernier soit un être sexué : nous devons l'aider à en prendre conscience. Le père et la mère pourraient se réjouir tout autant devant les émotions sexuelles de leur enfant — qui sont, pour lui, un enrichissement important — que devant son premier sourire.

Les expériences entreprises par René Spitz sont riches d'enseignements dans ce sens : il a établi que la possibilité de pratiques masturbatoires sont le signe d'une bonne relation mère-enfant. Elle démontre l'équilibre du comportement émotionnel. Les enfants qui sont éloignés de leur foyer, ou dont une seule personne ne s'occupe pas en particulier, prennent du retard à la fois intellectuellement et physiquement. Ils ont, moins que les autres, le moyen de se stimuler eux-mêmes par des jouissances sexuelles. Par contre, si un enfant tend à se masturber trop fréquemment et trop intensément, il faudra penser qu'il s'agit d'une faille dans son comportement (cf. *Le livre des parents,* tome 2, p. 45).

Les impulsions sexuelles font donc partie du développement normal de l'enfant. Elles sont une expression de sa joie de vivre, et démontrent que tout va bien dans son corps et dans son esprit. Elles sont, en outre, la base d'une vie sexuelle adulte harmonieuse et d'un psychisme équilibré. La puberté sera le 2e stade critique sur ce plan-là.

La sexualité : une part de la personnalité

Il est nocif, pour l'enfant, d'ignorer ou de brimer sa sexualité. Car, alors, il se retrouve seul avec ses instincts et n'apprend pas à les insérer, sciemment et sentimentalement, dans l'ensemble de sa personnalité. Chaque émotion sexuelle s'entache de culpabilité et agit sur la conscience, ce qui finit par appauvrir le comportement social et émotionnel. Les impulsions réprimées risquent de dégénérer, par la suite, en névroses, en phantasmes et en pratiques sexuelles immatures.

Il est tout aussi nocif d'encourager l'enfant à pratiquer la masturbation ou de stimuler ses organes génitaux. Il doit apprendre par lui-même que la sexualité est une source de plaisirs chez l'être humain. Il s'agit d'éviter une fixation sur la jouissance personnelle pour laisser la voie ouverte à sa vie future dans un couple.

Le comportement des parents

Une éducation sexuelle valable implique que les parents soient à l'aise avec leur propre sexualité, qu'ils l'admettent et en soient heureux. Ils pourront ainsi mieux répondre aux questions de leur enfant que s'ils ont des problèmes dans ce sens. Ils sauront, en outre, quels désirs ils peuvent encourager, et quelles limites ils devront parfois imposer.

Les parents ne doivent pas s'inquiéter si leur enfant les « surprend » tout nus dans leur bain. Ce sera l'occasion de lui donner un « cours d'anatomie ». Ils pourront lui expliquer que son membre sera un jour de la même taille que celui de son père, qu'il ne lui sert pas qu'à uriner, mais qu'il a également d'autres fonctions qui procurent des sensations agréables. Ils expliqueront à leur petite fille que ses organes sexuels sont à l'intérieur, que l'on ne peut donc pas bien les voir, et que l'excitation de ses organes, de même que chez les petits garçons, procure du plaisir ; qu'une femme a de la poitrine et un utérus dans lequel se développent les enfants.

Il faut aussi penser à leur préciser que la proximité entre les organes sexuels et les organes d'excrétion n'implique aucun rapport entre eux. Sinon l'imagination enfantine risque d'associer la sexualité à la saleté.

Quand devons-nous aborder la sexualité avec notre enfant ? Bien sûr, lorsqu'il nous pose une question concrète. Mais il ne s'agit pas d'en profiter pour lui faire faire en détail le tour de la question ! Il ne suffit pas non plus d'attendre qu'il nous en parle. Il faut parfois lui demander les idées qu'il se fait à ce sujet.

Les contacts sexuels

Comment devez-vous réagir lorsque l'enfant se fait pressant et voudrait vous avoir comme partenaire ? Vous vous écartez de lui bien involontairement. Les limites du sentiment et les normes sociales interdisent un contact plus approfondi. Evitez donc les situations dans lesquelles l'enfant serait trop excité sexuellement à votre contact et vous obligeraient à un retrait qui pourrait le laisser frustré.

Les activités sexuelles peuvent beaucoup mieux se développer entre enfants. Ils apprennent alors à connaître leur propre corps et celui des autres, comment votre partenaire et vous réagissez aux tendresses, et comment les manœuvres sexuelles peuvent intéresser l'autre. Vous évitez, en outre, une fixation sur l'un ou l'autre des parents, ou l'un des frères et sœurs.

Au bout de quelque temps, l'enfant n'aura plus goût à « jouer au docteur », ce qui le passionnait auparavant. De même, un comportement libre des parents lui fera passer sa curiosité exagérée pour leur anatomie. Des parents prudes n'obtiendront que la réaction inverse : ils créent un climat d'excitation sexuelle qui rend la nudité particulièrement enivrante !

Un enfant élevé librement sur le plan de la sexualité ne deviendra jamais un adulte contraint de satisfaire brutalement ses désirs. Il s'établit au contraire une relation naturelle à l'égard de la sexualité, adaptée aux normes de notre société. Car la sexualité est depuis longtemps reconnue comme faisant partie du comportement humain, ayant donc besoin d'être orientée comme toute autre part de la personnalité.

Quand d'autres parents ne pensent pas comme vous

Peut-être êtes-vous maintenant d'avis d'élever votre enfant de manière libérale et positive. Mais vous ne savez pas ce que vous ferez s'il entre en contact avec des enfants élevés différemment, et dont les parents risquent d'être choqués par son attitude.

Ne vous laissez pas influencer par ceux qui vous entourent. Discutez avec eux, tâchez de les convaincre. Si vous n'y parvenez pas, parlez avec votre enfant. Faites-lui sentir qu'il ne doit pas trop aborder les questions sexuelles avec certains camarades. Vous éviterez ainsi un grand conflit entre les enfants.

Le journal de la troisième année

Journal de ma troisième année

Tenez ce journal régulièrement. Lorsque l'enfant aura grandi, il aimera y retrouver les événements de sa vie. Collez des photos correspondantes dans les cadres laissés à cet effet.

Certaines questions entraînent plusieurs réponses. Dans ce cas, mettez une croix dans plusieurs cases.

Te promènes-tu encore en poussette ?

- Non, je préfère marcher. ☐
- Oui, pour de grandes promenades. ☐
- Nous la prenons toujours. ☐

Quelles sont tes habitudes alimentaires ?

- Je mange presque tout seul. ☐
- On me fait presque toujours manger. ☐
- On me fait quelquefois manger, et quelquefois je mange tout seul. ☐

Est-ce que tu joues souvent avec d'autres enfants ?

- Presque tous les jours. ☐
- 2 ou 3 fois par semaine. ☐
- Très rarement. ☐
- Je préfère jouer seul. ☐
- Je préfère jouer avec mes parents. ☐

Est-ce que tu racontes le soir, à ton papa, les événements de la journée ?

- Oui, il me comprend très bien. ☐
- Oui, et maman m'aide à le faire. ☐
- Non, c'est maman qui le fait. ☐

Est-ce que tu fais toujours la sieste après le déjeuner ?

- Oui, régulièrement. ☐
- Je joue souvent au lit sans dormir. ☐
- Rarement. ☐

Comment réagis-tu lorsqu'un étranger vient à la maison ?

- Je me cache derrière maman. ☐
- Je cours dans une autre pièce. ☐
- Je l'observe avec curiosité. ☐

Qu'est-ce que tes parents préfèrent chez toi ?

Coller ici une photo au choix :

- *un goûter d'enfants ;*
- *l'enfant ouvrant un cadeau ;*
- *sur le toboggan.*

A quelle heure vas-tu te coucher ?

Evénements particuliers.

Cette photo a été prise le ...

Cette photo a été prise le ...

Coller ici une photo au choix :

- *l'enfant aidant à la maison ;*
- *l'enfant en train de ranger ;*
- *le père et l'enfant faisant leur toilette.*

Comment s'est passé ton 2e anniversaire ?	– J'ai reçu quelques petits amis. ☐ – Nous l'avons souhaité en famille. ☐ – Nous n'avons rien fait de particulier. ☐
Est-ce que tu mets encore des couches ?	– Oui, toujours. ☐ – Plus à la maison. ☐ – Seulement la nuit. ☐ – Non. ☐
Sais-tu déjà nager ?	– Oui, comme un « poisson dans l'eau ». ☐ – Non, je préfère barboter. ☐ – Non, j'ai peur de l'eau. ☐
Quand as-tu le plus d'appétit ?	– A midi. ☐ – Le soir. ☐ – Entre les repas. ☐ – C'est variable. ☐
Aimes-tu prendre tes repas avec les autres ?	– Non, je préfère être tout seul. ☐ – Oui, avec toute la famille. ☐ – Cela m'est égal. ☐
Que préfères-tu peindre ?	– Je fais de la peinture « abstraite ». ☐ – Je peins des personnages. ☐ – Je peins n'importe quoi. ☐
As-tu déjà été au zoo ?	– Oui, souvent. ☐ – Oui, une fois. ☐ – Non. ☐
Ta maman doit-elle te dire d'aller aux toilettes ou sur le pot ?	– Non. ☐ – Toujours. ☐ – Oui. ☐
Qui te gâte le plus ?	– Maman. ☐ – Papa. ☐ – Mes grands-parents. ☐ – Des amis. ☐
Sais-tu t'occuper tout seul ?	– Oui, je peux jouer seul, pendant des heures. ☐ – Non, mes parents doivent jouer avec moi. ☐ – Non, je m'ennuie très vite. ☐

Quels sont les aliments que tu préfères ?

Quels aliments et quelles boissons refuses-tu ?

Evénements particuliers.

Coller ici une photo au choix :

- *l'enfant faisant un câlin à son père ou à sa mère ;*
- *l'enfant regardant son père travailler ;*
- *toute la famille en train de jouer.*

Cette photo a été prise le ...

Cette photo a été prise le ...

Coller ici une photo au choix :

- *l'enfant dessinant au tableau ;*
- *la mère et l'enfant jouant aux marionnettes ;*
- *l'enfant en train de courir.*

Ta maman travaille-t-elle hors de chez elle tous les jours ?	– Non.	☐
	– Oui, à mi-temps.	☐
	– Oui, à plein temps.	☐
Ta maman a-t-elle souvent peur que tu te blesses ?	– Oui, toujours.	☐
	– Oui, souvent.	☐
	– Seulement quelquefois.	☐
As-tu déjà vu ton papa travailler ?	– Oui, il travaille souvent à la maison.	☐
	– Oui, je suis allé le voir à son travail.	☐
	– Non.	☐
Comment réagis-tu lorsque tu ne veux pas faire quelque chose ?	– Je hurle de rage.	☐
	– Je fais comme si je n'entendais pas.	☐
	– Je m'enfuis.	☐
	– J'obéis tout de même.	☐
As-tu le droit de te salir ?	– Oui, toujours.	☐
	– Non, pas du tout.	☐
	– Oui, mais seulement si j'ai les vêtements qu'il faut.	☐
Papa joue-t-il avec toi le soir ?	– Oui, tous les jours.	☐
	– Il est généralement trop fatigué.	☐
	– Il rentre trop tard à la maison.	☐
Qui est le plus sévère avec toi ?	– Papa.	☐
	– Maman.	☐
	– Ils ont les mêmes réactions.	☐
Comment vas-tu te coucher ?	– Je refuse généralement d'y aller.	☐
	– J'y vais généralement de moi-même.	☐
	– Je me relève souvent.	☐
	– Je m'endors tout de suite.	☐
Comment es-tu avec les enfants étrangers ?	– Je me contente de les observer.	☐
	– Je les observe avant de jouer avec eux.	☐
	– Je me mêle tout de suite à eux.	☐
	– Je leur prête mes jouets.	☐

Quels sont tes souvenirs préférés ?

Comment se déroule le moment du coucher ?

Evénements particuliers.

Coller ici une photo au choix :

- *un exercice de gymnastique amusant ;*
- *l'enfant devant la télévision ;*
- *la famille joue « à faire des courses ».*

Cette photo a été prise le ...

Cette photo a été prise le ...

Coller ici une photo au choix :

- *une fête de famille ;*
- *l'enfant joue à cache-cache ;*
- *l'enfant donne à manger aux canards et aux poissons.*

Es-tu sportif ?	– Oui, je grimpe n'importe où. ☐ – Oui, je prends même des cours de gymnastique. ☐ – Non, je préfère jouer tranquillement à la maison. ☐
Connais-tu déjà une chanson ?	– Oui, je chante souvent. ☐ – J'essaie de chanter ce que l'on m'apprend. ☐ – Non, je n'aime pas cela. ☐
Tes parents gardent-ils tes dessins ?	– Oui, tout ce que je fais. ☐ – Oui, quand ils leur plaisent. ☐ – Non. ☐
Regardes-tu les programmes pour enfants à la télévision ?	– Non, je n'aime pas rester tranquille si longtemps. ☐ – Oui, quelquefois. ☐ – Je regarde certaines émissions régulièrement. ☐
As-tu déjà été séparé longtemps de tes parents ?	– Oui, pendant les vacances. ☐ – Oui, à cause d'une maladie. ☐ – Non. ☐
Que sais-tu de toi-même ?	– Je suis une fille (ou un garçon). ☐ – J'ai 2 ans. ☐ – Je m'appelle ... ☐ – J'habite ... ☐
Que sais-tu faire tout seul ?	– Mettre le couvert. ☐ – Ranger mes jouets. ☐ – Aller chez mon petit voisin. ☐
Es-tu allé en vacances avec tes parents ?	– Oui. ☐ – Non. ☐
Sais-tu comment tu es venu au monde ?	– Non, pas encore. ☐ – J'ai déjà posé la question. ☐ – Oui, je sais. ☐
As-tu déjà fabriqué un petit cadeau pour tes parents ?	– Oui. ☐ – Non. ☐
As-tu été souvent enrhumé ?	– Oui, souvent. ☐ – Non, juste 1 fois ou 2. ☐ – Non, jamais. ☐

Quelle est ta taille ?

____

Quel est ton poids ?

____

Quel est ton livre favori ?

____

Quelles maladies sérieuses as-tu déjà eues ?

____

____

Evénements particuliers.

____

____

____

____

____

____

____

____

____

____

Coller ici une photo au choix :

- *l'enfant essaie de s'habiller seul ;*
- *l'enfant joue « au grand » ;*
- *une fête folklorique.*

Cette photo à été prise le ...

Cette photo a été prise le ...

Coller ici une photo au choix :

- *l'enfant fait un baiser ;*
- *l'enfant sur le dos d'un poney ;*
- *l'enfant déguisé en clown.*

Tes parents t'ont-ils déjà organisé un goûter d'enfants ?	– Oui.	☐
	– Non.	☐
Te réveilles-tu la nuit, pour aller aux toilettes ?	– Non.	☐
	– Quelquefois.	☐
	– Presque toujours.	☐
Te laisses-tu gentiment habiller et déshabiller ?	– Non, je m'enfuis à ce moment-là.	☐
	– Oui, et je commence à vouloir aider.	☐
	– Oui, et j'y arrive parfois tout seul.	☐
Quel est ton jeu préféré ?	– L'eau et le sable.	☐
	– La peinture et les travaux manuels.	☐
	– Cache-cache et la course poursuite.	☐
	– Les poupées.	☐
T'arrive-t-il de te déguiser ?	– Oui, en prenant des vêtements de mes parents.	☐
	– Oui, avec n'importe quoi.	☐
	– Non.	☐

Le programme du développement

Comment jouer avec l'enfant ?
Que lui apprendre ?

La vue

La parole

La réflexion : comment l'éveiller
par des activités
intéressantes

Le goût de l'enfant
pour la découverte

Comment éveiller
le goût musical de l'enfant ?

Les activités de création

Les jeux de mouvements :
ils stimulent
l'esprit d'initiative
de l'enfant

L'enfant apprend à dire « moi »

Aidez l'enfant
à prendre conscience
de ses sentiments

L'enfant développe
ses contacts avec les autres

Comment jouer avec l'enfant ? Que lui apprendre ?

Les chapitres qui vont suivre sont consacrés au Programme du développement. Ils contiennent des suggestions, des activités, des jeux, des exercices concernant tous les domaines de la personnalité.

L'idée que l'on se faisait du développement de l'enfant s'est profondément modifiée durant les dix dernières années. On s'imaginait, autrefois, que tous les progrès venaient « d'eux-mêmes ». Mais nous savons, aujourd'hui, grâce à une multitude d'expériences scientifiques, que seules des incitations, bien orientées, correspondant au niveau de l'enfant, sont capables de développer pleinement toutes ses facultés. Il n'est pas difficile, pour l'adulte, de capter l'attention de l'enfant : il est curieux et se réjouit lorsqu'il a réussi quelque chose. Vous pouvez constater facilement sa satisfaction devant la tâche accomplie et sa soif de connaissances. C'est en procédant de la façon suivante que vous arriverez au meilleur résultat :

- Lisez attentivement l'exercice et préparez tout ce qui est nécessaire pour le réaliser.
- Observez votre enfant durant les exercices, et donnez-lui au bon moment un « petit coup de pouce », soit en lui posant une question qui l'aidera à progresser, soit en participant véritablement : si sa tour chancelle, tenez-la un peu avec lui.
- Soyez gais et enjoués, pour qu'il ait des réactions positives.
- Choisissez le moment propice pour lui faire faire un jeu ou un exercice : lorsqu'il a bien dormi, bien mangé, est de bonne humeur et d'esprit entreprenant. Ne l'interrompez pas pour lui proposer une autre activité.
- Répétez les exercices de loin en loin, et pas seulement ceux qui l'amusent le plus.
- Rendez attirantes les activités que vous lui proposez. Si elles ne lui plaisent pas, malgré tous vos efforts, faites-lui faire autre chose. Donnez-lui parfois le choix entre deux ou trois activités.
- Certains exercices ne sont pas seulement valables pour l'âge indiqué. Vous pouvez les lui faire refaire plus tard. Ceci vaut également pour ceux du tome 2.
- Pendant la première moitié de la 3e année, prenez chaque jour de 3 à 4 fois 20 minutes, 30 minutes par la suite, pour lui faire faire un choix d'exercices.

Les mois et les âges sont donnés de la façon suivante :

– 2 ans, 0 = 2 ans ;
– 2 ans, 4 = 2 ans et 4 mois.

Il ne s'agit que d'indications, non de normes strictes.

Nous avons coté les différents jeux et exercices par un système d'étoiles :

– 3 étoiles *** = une activité que vous devez faire faire absolument.
– 2 étoiles ** = tâchez de faire ces exercices-là aussi.
– 1 étoile * = faites-lui faire ceux-ci si vous avez le temps.

La vue

C'est par la vue que l'enfant découvre le monde

A partir de 2 ans

***L'enfant doit maintenant connaître par leur nom les couleurs essentielles : jaune, orange, rouge, violet, bleu, vert, marron, blanc, gris et noir. Il commence également à distinguer les nuances intermédiaires. Vous trouverez dans des illustrés des exemples de mauve, de turquoise, d'ocre. Ajoutez aussi les notions de « clair » et de « foncé » : rouge clair, bleu foncé.

Collez sur une bande de carton des échantillons de couleurs différentes et faites rechercher par l'enfant la couleur correspondante dans la maison. Il n'est pas facile de s'y reconnaître dans cette palette ! Chaque réponse exacte est donc un résultat très important qu'il vous faut apprécier. Peut-être pourrez-vous obtenir gratuitement chez votre droguiste une carte d'échantillons de couleurs. L'enfant s'amusera encore plus à faire ses comparaisons. La surface colorée, de laquelle il rapproche son échantillon, ne doit pas être inférieure à celle d'une assiette.

**Prenez le temps, tous les 3 mois, de faire, avec votre enfant, un tour détaillé de sa chambre. Il doit pouvoir choisir la couleur qu'il souhaite pour sa chaise, sa table, ou tout autre objet. Il peut ainsi progressivement développer sa prédilection pour telle couleur en relation avec tel objet.

Par ailleurs, la chambre peut, sans beaucoup de frais, changer totalement d'aspect : le coffre à jouets, une maison de carton, ou la caisse d'éléments de construction se prêtent parfaitement à ce genre de modifications. Et pourquoi ne pas en faire autant sur les murs ? Dites-vous bien que les murs d'une chambre d'enfant devraient être refaits tous les deux ans environ, et que vous avez tort de vous énerver pour une petite tache — certes inévitable. C'est pourquoi la peinture nous semble plus indiquée que le papier peint !

**Vous pouvez faire faire à l'enfant un petit test de vision. Vérifiez d'abord sur vous-mêmes quels objets vous arrivez à distinguer, bien que très éloignés : deux ou trois arbres, une voiture, un tracteur, un buisson, un chien... Puis demandez-lui ce qu'il voit, à la même distance.

Dans la chambre, vérifiez les détails que l'enfant perçoit sur une image éloignée, ainsi que les petits objets : un clou sur le mur, une mouche, un petit morceau de chocolat...

Vérifiez aussi sa vision des couleurs, et assurez-vous qu'il voit aussi bien que vous dans le noir. Il faut qu'il connaisse bien la couleur et l'objet que vous lui montrez. Vérifiez-le quelques jours avant d'entreprendre votre test.

Si vous n'êtes pas sûrs de son acuité visuelle, consultez absolument un pédiatre qui lui fera faire des tests précis.

Pratiquez ces exercices tous les 4 mois environ.

A partir de 2 ans, 4

**Faites observer à l'enfant de tout petits objets : les pattes d'une mouche – en lui montrant bien qu'il doit s'approcher tout doucement –, celles d'une araignée, les striures d'une pierre, les veines du bois, la trace d'un pinceau fin. Examinez vous-mêmes ces infimes détails. L'enfant vous observe et s'y intéresse lui aussi.

Ces exercices font appel à la fois à ses connaissances, son attention et sa concentration.

**Faites-lui noter les contrastes, en lui signalant aussi des objets très grands : un bâtiment à plusieurs étages, une église, un arbre, une usine, une gare... Montrez-lui également un paysage vu d'en haut, d'un clocher, d'un immeuble, ou d'une montagne. Cet observatoire lui fait découvrir une notion de perspective qu'il n'a pas sans cela. Il voit son monde habituel avec d'autres yeux, ce qui le rend encore plus avide de connaissances.

Voici une toute nouvelle façon de regarder les objets que l'on connaît bien et qui satisfait à la fois la curiosité de l'enfant et sa joie de la découverte.

*Lors d'une promenade en forêt, emmenez-le jusqu'à un point élevé. L'enfant a, là encore, une vue d'ensemble qui lui permet de retrouver, de loin, ce qu'il connaît bien de près : des églises, des maisons, des cheminées, un village, une grande ferme, une allée, une usine... Choisissez un endroit d'où l'on jouit d'un point de vue étendu. Faites-lui indiquer la taille des objets qu'il voit. Expliquez-lui qu'ils paraissent d'autant plus petits qu'ils sont plus éloignés.

Le soir, faites-lui remarquer les changements de couleurs : le toit de tuiles rouges a l'air marron au soleil couchant ; le champ vert devient presque noir.

A partir de 2 ans, 7

***Si l'occasion se présente, emmenez l'enfant dans une exposition, un musée, une galerie de peinture... Vous l'habituez ainsi à s'intéresser à des thèmes différents, tels qu'ils seront repris plus tard à l'école : cours de sciences, d'art...

Mais respectez les règles suivantes :

– N'essayez pas de faire coïncider vos désirs à ceux de l'enfant. Aucun des deux n'en profiterait ! Vous pouvez avoir envie de rester devant tel objet qui ne l'intéresse pas.

– Ne dites pas : « Nous devons rester ici longtemps et bien regarder, car l'entrée coûte très cher ! » Restez tant que la visite intéresse l'enfant, soit 10 à 20 minutes vraisemblablement.

– Parlez beaucoup avec lui de tout ce qu'il voit. Faites-lui remarquer certains détails à sa portée. Montrez-lui des objets qu'il connaît, au milieu de ceux qu'il voit pour la première fois. Ne vous impatientez pas s'il est plus fasciné par l'uniforme du gardien, ou par les cordes de protection, que par une œuvre d'art mondialement connue. Le contact avec les objets de collection ou les chefs-d'œuvre s'établit au fur et à mesure des visites... Il ne peut pas naître du premier coup.

– L'enfant ne doit pas faire intégralement le tour de l'exposition. Contentez-vous de lui montrer quelques tableaux ou quelques meubles. Vous pourrez y retourner une autre fois.

– Encore un conseil important : préparez l'enfant à cette visite. Il ne s'agit pas de l'initier à l'histoire de l'art. Laissez-le plutôt se dépenser à fond au jardin, pour qu'il ne soit pas tenté de le faire dans les salles d'exposition. Donnez-lui quelque chose à boire et à manger ; s'il n'est pas fatigué, il sera alors parfaitement réceptif.

***Vous pouvez également organiser de petites expositions dans sa chambre. Il suffit de deux étagères libres à hauteur de l'enfant.

Changez environ tous les 15 jours, en utilisant les idées suivantes :

– Exposition de *pierres*. Ramassez avec lui, au cours de vos promenades, des pierres petites et grosses, lisses et anguleuses, de différentes couleurs.

– Exposition de *tableaux*. Achetez des reproductions sur cartes postales de peintres anciens et contemporains. Si l'enfant est resté en arrêt devant un tableau lors d'une exposition, achetez-en une reproduction, même s'il ne vous plaît pas ! Laissez-le choisir par lui-même, indépendamment de votre goût personnel !

Vous pouvez aussi chercher avec lui un choix d'images dans des journaux. Achetez des revues sur les animaux ou les plantes... Prenez des idées intéressantes dans des publicités d'agences de voyages, par exemple.

– Exposition de *feuilles*. Rassemblez dix feuilles d'arbres différents, de diverses tailles. Inscrivez en grosses lettres le nom de l'arbre correspondant. Vous pouvez aussi exposer des fleurs séchées, des herbes, des feuillages...

Les enfants ont une façon à eux d'aborder les œuvres d'art : ils les approchent – ainsi que les objets inconnus – avec tous leurs sens à la fois : ils les touchent, les pèsent, les font tinter...

– Exposition de *livres d'enfants*. Installez les livres de telle façon que l'enfant voie bien leurs titres. Il aime prendre l'un ou l'autre, ce qui le tient occupé un moment.
– Exposition d'*éléments de construction*. Réunissez sur l'étagère un élément de chaque type. L'enfant voit plus nettement les différentes formes dont il dispose.
– Exposition de *fruits*. Achetez un jour des fruits très différents les uns des autres, et présentez un exemplaire de chaque catégorie : une poire, une pomme, une prune, une orange, un citron, une mandarine, un pamplemousse, un ananas, une banane... Une autre fois, faites une exposition de fruits secs, de pâtisseries...

***L'enfant aime beaucoup les objets qui bougent et se modifient. Choisissez donc les endroits où il pourra observer :
– Un chantier sur lequel il verra les ouvriers « faire pousser » une maison, et en suivre la construction.
– Le chantier d'un tunnel, d'un pont, ou d'un canal...
– Un marché.
– Une foire, ou une fête folklorique.
– Une gare dans laquelle il verra les trains qui passent, les voyageurs qui se pressent, les bagages que l'on charge et décharge.
– Une plage avec des enfants qui jouent dans le sable et l'eau.
– Un quai où manœuvrent des voiliers et des bateaux à vapeur.
– Un pont enjambant une autoroute.

A partir de 2 ans, 10

**Faites-le jouer à *cache-tampon*. Vous en aurez souvent l'occasion dans le courant de la journée : l'enfant cherche une paire de chaussettes, ou sa poupée... Ne lui laissez pas l'entière responsabilité de ce travail. Guidez-le en lui faisant remarquer qu'il a oublié un coin ou un autre lors de ses investigations : vous lui faciliterez la tâche et lui apprendrez à chercher de façon systématique. Faites-lui retrouver l'endroit où il a vu cet objet pour la dernière fois. Vous l'aidez alors à réfléchir sur le passé et à affiner sa représentation dans le temps.

Les puzzles sont un exercice privilégié pour apprendre à distinguer les formes et les couleurs. Quels angles, quelles tailles, quels tons s'adaptent les uns aux autres ?

Quand votre enfant change de lieu, le monde se transforme pour lui. Une tour immense devant laquelle il se sentait tout petit, est subitement réduite à des dimensions acceptables. Les voitures dans la rue lui apparaissent comme des jouets.

Mais vous pouvez aussi organiser une vraie partie de cache-tampon : dissimulez des jouets, des petits gâteaux ou des bonbons dans votre jardin, ou lors d'une promenade. Intervertissez les rôles : l'enfant s'amusera beaucoup à cacher un objet que vous devez retrouver. Montrez-lui par votre exemple, et non en lui faisant un cours, comment s'y prendre pour chercher. Un ballon deviendra également intéressant à retrouver s'il roule, par mégarde, dans l'herbe haute ou derrière une haie.

La parole

L'environnement immédiat offre quotidiennement de nouveaux sujets de conversation. L'enfant est ravi de voir « pousser » la maison. Mais donnez-lui des explications pour qu'il en comprenne tous les processus.

Faites-en aussi un jeu passionnant...

A partir de 2 ans

***Vous pouvez beaucoup aider votre enfant à parler en utilisant toujours le mot juste. Etablissez, dès le départ, une distinction entre une chaise, un tabouret, un fauteuil, une bergère, un canapé... Montrez-lui la différence entre une assiette plate, une assiette à soupe, une soucoupe, un compotier. Les mots que vous employez s'inscrivent dans son vocabulaire : il les reproduira ensuite avec précision. Vous n'avez pas besoin de le reprendre sans arrêt. Il vous suffit de donner aux objets et aux activités leur nom propre.

Utilisez, dans la mesure du possible, le verbe exact. Dites, par exemple : « Nous allons maintenant faire les courses », ou bien « nous nous promenons », « nous marchons », « nous escaladons une montagne », « nous courons dans une prairie », « nous sautons pardessus un ruisseau »... Efforcez-vous, vous-mêmes, d'employer toujours l'expression qui convient le mieux.

**Faites-vous une règle d'aborder, environ toutes les deux semaines, un nouveau sujet. Utilisez alors un maximum de mots que l'enfant connaît encore mal. Introduisez à chaque fois dix mots nouveaux. Voici quelques suggestions qui vous aideront dans ce sens :

– *Le restaurant.* Les différences entre une auberge, un café, ou un restaurant. Les activités qui s'y déroulent. Le mieux est de vous y rendre avec l'enfant.

– *Le terrain de sport.* Les installations. Les différents sports qui s'y pratiquent. Faites-le assister un moment à une manifestation sportive.

– *La salle de gymnastique.* Ce qui s'y fait. La fonction des différents appareils. Les sports. Les jeux.
– *La piscine.* Montrez-lui les douches, les toilettes, les vestiaires, les bassins, les réservoirs.
– *Le square.* Promenez-vous dans un square qu'il ne connaît pas, par exemple un jardin avec des attractions.
– *Les chantiers.* Les travaux en cours. Les outils utilisés par les ouvriers.
– *Les magasins.* Les marchandises qui s'y trouvent. Comment s'effectuent les achats.
– *La gare.* Les trains, les billets, les entrepôts.
– *Le jardinage.* Les plates-bandes, les plantes, les activités du jardinier.
– *Les saisons.* Les modifications des plantes au cours de l'année.
– *La poste.* Le facteur, les paquets, les lettres, les transports, les boîtes aux lettres.
– *L'agriculture.* La ferme, les champs, les animaux.
– *La circulation.* Les véhicules, les règles de circulation, les panneaux, la police.
– *Les animaux de la forêt.* Explications en images et dans la nature.
– *Le cirque.* Les installations, les artistes, les animaux.
– *La nourriture et la boisson.* Les aliments, les boissons, les préparations, les ustensiles, les couverts.

*La parole et la connaissance sont deux domaines étroitement imbriqués. C'est pourquoi vous aidez l'enfant à penser lorsque vous lui parlez beaucoup. Vous pouvez, dans ce sens, lui faire chaque semaine la description précise d'un objet, surtout s'il s'agit d'un objet qui l'intéresse déjà, soit parce que c'est un jouet, soit parce qu'il est nouveau. Indiquez-lui sa couleur, sa forme, sa taille, son usage, s'il allège le travail ou si on l'utilise en relation avec d'autres objets, le soin qu'il faut en prendre...

Il y a une infinité d'objets qui conviennent à ce genre de descriptions : une chaise, une chaussure, le téléphone, un livre, des lunettes de soleil, une montre, une machine à découper, le moulin à café, un outil (marteau, clou, tournevis...), un petit camion, une locomotive.

**L'enfant est encore loin de savoir classer les événements dans le temps. Il doit d'abord apprendre ce que signifient les termes « avant » et « après ». Il lui faudra beaucoup d'exemples pour y parvenir. Rappelez-lui fréquemment ce qui vient de s'écouler. « Nous avons commencé par préparer les affaires de bain, le ballon, la serviette, le seau, les moules... Puis, nous sommes partis en voiture à la piscine. Là, nous nous sommes déshabillés, puis douchés, puis tu es allé dans le petit bassin... »

Ce n'est qu'après beaucoup d'exemples de ce type que l'enfant commencera à ordonner les événements passés en employant les mots qui conviennent. Habituez-le à vous raconter tous les deux ou trois jours une aventure écoulée.

L'étape suivante consiste à lui présenter tout ce que vous allez faire. « Je vais écrire à grand-mère. Il faut que j'aille d'abord chercher du papier et un stylo. Puis, je vais lui raconter nos projets de vacances... »

Ensuite, vous exécutez le programme que vous avez annoncé oralement. Laissez l'enfant observer le déroulement de vos activités. Vous n'avez pas besoin d'insister sur la similitude entre votre plan et sa réalisation. Ce serait trop « doctrinal » : l'intérêt diminuerait car il y aurait moins à réfléchir.

Ces exercices sur les événements passés et présents aident à percevoir les divisions du temps. L'enfant peut alors s'orienter par rapport à ce qui lui arrive, comprendre que le repas succède au jeu, la nuit au jour et élaborer des plans en essayant de les suivre.

A partir de 2 ans, 4

***L'enfant vient souvent vous trouver pour vous dire quelque chose. Il veut alors que vous l'écoutiez, parce qu'il a une « communication importante » à vous faire. C'est là une bonne occasion pour vous d'en apprendre davantage sur ses désirs et ses préférences.

Ne faites pas semblant de vous intéresser, mais prenez-le vraiment au sérieux. L'enfant s'en rend tout de suite compte. Il y gagne alors de l'assurance et vient vers vous plus souvent. Profitez-en pour élargir son « problème », enrichissez son point de vue, tirez-en une comparaison, aidez-le s'il a une difficulté. Il apprend ainsi à vous considérer comme un égal. Il s'exerce à parler, à s'exprimer avec plus de précision et de clarté. Respectez les indications suivantes :

– Ne lui coupez pas la parole lorsque des amis lui posent une question. Laissez-le répondre : il a toujours quelque chose à dire. Si vous remarquez qu'il a du mal à répondre, profitez-en pour relever les informations qui lui manquent : son nom, son adresse. Vous pouvez, vous-mêmes, lui poser de temps à autre ces questions pour qu'il comprenne de quoi il s'agit et sache répondre.

– N'allez pas lire dans ses yeux ce qu'il désire, avant même qu'il n'ait prononcé le premier mot. Sinon, il ne saurait jamais s'exprimer convenablement, et s'imaginerait rapidement que tous les adultes le comprennent du premier coup, et sont prêts à lui obéir. Laissez-le s'exprimer aussi clairement que possible. Vous pourrez ainsi, plus facilement, entamer une petite discussion si vous n'êtes pas d'accord avec ce qu'il réclame. Même lors d'un refus, ne le repoussez pas avec une simple phrase du genre : « Non, ce n'est pas possible. »

– Ne vous impatientez pas si l'enfant est encore très lent à s'exprimer. Plus vous le ferez se presser, plus il aura de mal. Donnez-lui plutôt le bon exemple en parlant clairement, concrètement, et en phrases courtes.

– Ne l'interrompez pas lorsqu'il a quelque chose à dire. Laissez-le terminer tranquillement sa phrase avant d'intervenir avec vos objections et vos remarques – attendez même un peu plus si vous n'êtes pas sûrs de la réponse à lui donner. Peut-être n'a-t-il pas fini de s'expliquer. Et ce n'est pas à vous de l'en empêcher !

***Il lui faut maintenant quelques livres d'enfants, contenant surtout des images. Cinq à dix lignes de texte suffisent par page ou par double page. Les images illustrent l'histoire et la rendent compréhensible. Les couleurs ne doivent être ni agressives, ni fades, mais claires et harmonieuses. Le style doit être simple, à base de phrases courtes et de mots précis, et éviter les mièvreries. L'histoire doit intéresser l'enfant par sa signification, son contenu émotionnel et son apport de nouvelles connaissances, et être facile à raconter. Les

Amasser des provisions comme le font les petites souris du livre d'images : voilà qui amène des occupations et des dialogues passionnants.

histoires effrayantes, les contes de fées sadiques sont, bien sûr, à éliminer totalement.

Le livre doit s'achever sur une note positive, pour que l'enfant n'en garde pas un sentiment de crainte ou de tension contenue. Les bons livres ne sont pas toujours bon marché. C'est pourquoi nous vous donnons un conseil : aborder le problème avec des mamans de votre entourage. Si chacune achète 5 bons livres et les échange avec deux autres mères, l'enfant aura découvert 15 livres au bout de l'année. Et c'est bien ce qu'il lui faut au minimum pour assurer son développement.

A partir de 2 ans, 7

***L'enfant construit, en principe, des phrases complètes, et sait bien se faire comprendre. Cependant, il a encore un peu de mal avec la prononciation. Relevez les sons sur lesquels il achoppe. Puis cherchez quelques mots renfermant ces difficultés.Prononcez-les plusieurs fois lentement. Avec un peu d'astuce et de patience, vous obtiendrez que l'enfant observe attentivement votre bouche lorsque vous les prononcez. Faites-lui répéter le mot, et trouvez-en, le lendemain, un autre lui ressemblant. Il faudra là aussi qu'il vous regarde avec application et essaie de répéter après vous. Ne le reprenez pas s'il se trompe de son, ou s'il le laisse de côté. Ne répétez jamais son erreur de diction, car elle viendrait alors se fixer dans sa mémoire. Contentez-vous de prononcer très distinctement les mots dans lesquels elle apparaît. Si l'enfant persiste à faire une erreur, au bout d'environ 3 semaines, répétez le son, mais, cette fois, isolé. Exagérez les mouvements de la bouche et des lèvres, et présentez-lui cet exercice comme un jeu, tout en l'alternant : « Une fois je prononce, une autre fois c'est toi. Et on recommence. » Pour que l'enfant comprenne facilement ce jeu, prononcez doucement en même temps que lui.

A la fin de ces exercices, il devrait être en mesure de prononcer correctement ce son dans un mot. Faites-le-lui répéter lentement et sous forme de jeu.

Voici, comme point de repère, un test élaboré par les docteurs Hatt et Mattlinger. A la fin de sa 3e année, le niveau phonétique de l'enfant doit lui permettre de prononcer sans faute les mots suivants : bébé, auto, nez, poupée, couteau, clé, allumette.

Les consonnes acquises sont donc : p, b, t, n, m, c.

*Le *dialogue* est un excellent moyen pour favoriser l'apprentissage de la parole. Prenez n'importe quelle poupée dans la main, et donnez à l'enfant celle qu'il préfère. Les deux poupées entament un dialogue sur les jeux, les événements, la nourriture, les boissons, les achats que vous venez de faire.

A partir de 2 ans, 10

**Essayez d'inventer vous-mêmes de petites histoires, et de les raconter à votre enfant. Commencez par des histoires d'animaux. Qu'arrive-t-il au chien durant sa promenade ? Qu'arrive-t-il au canard dans le parc ? Au pigeon dans la ville ? Chaque histoire doit être brève, centrée sur un point important, et se terminer par une note apaisante.

Demandez à l'enfant s'il a retenu son contenu, par une question de ce type : « Raconte-moi l'histoire que tu viens d'entendre. » Il apprendra ainsi à retenir certaines actions et à les relater en quelques mots.

***Rappelez-vous, tout au long de l'année, les règles suivantes, lorsque vous parlez avec votre enfant :

— Exprimez-vous de façon claire et distincte.
— Employez des expressions et des mots qui frappent.
— Aidez-vous souvent de comparaisons et d'images.
— Faites des phrases complètes, mais pas trop longues.
— Ayez un langage aussi naturel que possible.
— Ajustez le rythme de votre conversation à la faculté de compréhension de l'enfant.
— Ne lui parlez que lorsqu'il est disposé à vous écouter. Evitez le moment où il est absorbé dans un jeu.
— Ecoutez-le attentivement lorsqu'il a quelque chose à vous dire.

La réflexion : comment l'éveiller par des activités intéressantes

A partir de 2 ans

**Les adultes sont souvent très déçus de voir l'enfant détériorer un jouet nouveau et le « détruire ». Mais les enfants, dès 2 ans, ont une âme de chercheurs ! Ils veulent trouver une explication pour tous les objets étonnants et inhabituels. Ils se demandent comment leur petite auto peut rouler, et lui enlèvent ses roues ; comment la benne du camion peut bouger, et ils la démontent ; comment la cabine tient sur le chassis, et ils la tiraillent jusqu'à l'arracher.

N'oubliez pas cette soif de connaissance lorsque vous choisissez un jouet : il devrait toujours comporter un élément facile à retirer et à remettre, et pouvoir se modifier suffisamment. Même si l'enfant ne le fait qu'une fois ou deux, le jouet aura déjà rempli un rôle instructif. Donnez-lui une boîte de construction renfermant des vis et des écrous. Vous pouvez alors fabriquer une auto, une grue, une brouette, une table... que l'enfant aura le droit de démonter pour l'expérimenter. Montrez-lui, à l'occasion, le fonctionnement des divers éléments.

Lorsque vous ferez quelque cho-

se, l'enfant commencera par vous regarder attentivement, puis vous prendra l'objet des mains pour essayer d'en faire autant.

Laissez-le observer comment vous assemblez et démontez les différents appareils ménagers : vous mettez les pièces nécessaires dans votre mixer, puis vous les retirez pour les laver ; vous dévissez le couvercle de votre cocotte-minute ; vous préparez l'aspirateur, ou vous le videz. Toutes ces démarches sont extrêmement intéressantes pour l'enfant. Elles satisfont sa curiosité et éveillent son intérêt pour la technique.

****Le rangement* est l'une des activités qui reviennent régulièrement. Ce n'est pas nécessairement celle que vous préférez, et votre enfant risque alors de s'en dégoûter, lui aussi, très rapidement.

Faites-en un jeu, afin de le rendre intéressant pour vous deux ! Demandez à l'enfant la place correspondant

Le jeu de construction de votre enfant devrait comporter beaucoup d'éléments s'adaptant exactement les uns aux autres. Voilà un jeu qui le passionnera au moins jusqu'à l'âge de 8 ans si vous le complétez chaque année.

Après s'être contenté de placer les pièces les unes sur les autres, l'enfant va se lancer dans des travaux beaucoup plus élaborés, en commençant par de grandes tours. Puis, vers 4 ou 5 ans, il arrivera à faire des constructions qui respectent les lois de l'équilibre.
Laissez-lui le temps de franchir toutes les étapes de la construction, et de les assimiler en jouant.

à chaque objet. Lorsqu'il vous a bien « renseignés », laissez-le le replacer lui-même.

Mais ne soyez pas trop exigeants. Cela suffit s'il range deux ou trois choses convenablement. Il s'exerce alors à une tâche importante : il apprend où chaque objet doit se mettre et où le retrouver quand il en a besoin. Ne lui faites pas ranger les jouets dont il se sert, sa boîte de construction, par exemple, s'il est en train d'élaborer une belle tour.

***Faites-lui faire, environ tous les 15 jours, un jeu déterminé à partir de ses éléments de *construction :* fabriquer une ferme, un village ou une ville avec ses maisons, sa piscine... Réfléchissez avec lui à l'emplacement des différents détails : la barrière, les arbres, la gare...

Le jeu en commun vous amusera aussi beaucoup si vous vous mettez à faire une tour particulièrement élevée, ou un château très artistique ! Mais ce serait une erreur qui enlèverait à l'enfant tout esprit d'initiative. Il réaliserait qu'il ne peut, par lui-même, rien faire de compliqué, et serait très déçu s'il s'y risquait tout de même !

Exécutez seulement des travaux qu'il peut refaire par la suite. Ou bien regardez l'enfant de près lorsqu'il entreprend une construction pour l'aider éventuellement à progresser. C'est ainsi qu'il en tirera le plus grand profit.

***L'enfant se trouve, à cet âge, à un stade de son développement essentiellement marqué par la réflexion visuelle et pratique. Ce qui signifie qu'il ne peut résoudre un problème que si les éléments nécessaires à sa réalisation se trouvent immédiatement à sa portée. Vous pouvez le constater aisément par l'exemple qui suit : jouez avec lui dans le sable, et demandez-lui de creuser un trou. S'il trouve une pelle à côté de lui, il va commencer son travail. Mais si la pelle est un peu à l'écart, vous n'éveillerez absolument rien en lui disant : « Va chercher ta pelle dans le panier. »

Vous pouvez faire évoluer sa réflexion en lui proposant des problèmes bien concrets : donnez-lui des petits exercices à résoudre, dont les éléments de solution se trouvent dans son champ de vision. Vous favorisez ainsi la naissance de l'« étincelle » dont il a besoin. Préparez toujours les objets utiles avant de lui proposer l'exercice correspondant, les pinceaux, les cubes... Vous n'obtiendrez rien de l'enfant en lui disant : « Va chercher tes crayons de couleur dans ton tiroir, et fais un dessin. » Par contre, votre exemple et votre comportement lui sont d'une grande aide. Il voit alors comment on fait telle chose et ce qui en résulte. C'est infiniment plus efficace, à cet âge, que les discours !

A partir de 2 ans, 4

***Voici quelques exercices qui développent la mémoire de votre enfant :

– Placez quatre objets sur une chaise, par exemple un peigne, une brosse, un morceau de savon, un gant de toilette... Puis, dites-lui de bien les regarder. Ensuite, il sort un instant, tandis que vous enlevez l'un des objets. Demandez-lui, alors, lequel est manquant. Refaites un peu plus tard le même exercice avec 5, puis 6 objets vers 2 ans et 9 mois.

– Mettez 3 ou 4 objets sur une chaise. Pendant que l'enfant ne regarde pas, modifiez la position de l'un d'eux, soit en le tournant, soit en le changeant de place. L'enfant doit trouver la différence. Il lui faudra un moment pour comprendre cet exercice. Recommencez plus tard avec davantage d'objets, et modifiez plus discrètement leur position.

— Posez 3 ou 4 objets sur une chaise et demandez à l'enfant de bien les observer. Puis vous changez un objet, et il doit alors retrouver lequel a disparu et lequel l'a remplacé. Vous pouvez là aussi augmenter progressivement la difficulté. Faites faire l'un de ces 3 jeux environ tous les 15 jours sans en oublier les éventuelles modifications : par exemple, dans le premier jeu, faites petit à petit disparaître tous les objets. Le niveau de difficulté convient à l'enfant s'il peut résoudre 5 ou 6 exercices.

*L'enfant n'a qu'une vague idée de la plupart des objets dont vous vous servez tous les jours. Il connaît à peu près leur usage et où ils se rangent, mais de façon imparfaite. Expliquez-lui :

— ce que vous faites avec tel objet ;
— pourquoi vous le faites ;
— comment vous l'utilisez ;
— comment il fonctionne ;
— les mesures de sécurité que vous respectez.

Laissez-le éventuellement s'en servir lui-même. Ce sera possible dans bien des cas si vous êtes à ses côtés. Etayez vos explications en lui montrant bien l'élément que vous mentionnez. L'enfant en aura alors une idée très concrète. N'oubliez pas, dans votre démonstration, des objets aussi simples que le balai ou la pelle à poussière. Ces explications, elles aussi, seront pour lui un enrichissement et l'aideront à comprendre ultérieurement le maniement d'un tout autre objet.

***Chaque mot nouveau est une ouverture sur la réalité. Il est semblable à un outil magique qui retient les objets. Habituellement, l'enfant découvre un mot nouveau à l'aide d'un certain objet : une bouteille, un verre... Mais, presque tous les mots, excepté les noms propres, s'appliquent à plusieurs choses à la fois.

Vous pouvez apprendre déjà cette notion à votre enfant : vous favoriserez ainsi le développement de sa réflexion et sa faculté d'abstraction. Présentez-lui des objets différents, mais qui portent le même nom. Ne le faites pas systématiquement ; profitez une fois ou l'autre d'une occasion qui se présente. L'enfant arrivera ensuite de lui-même à faire ce rapprochement avec des mots qu'il connaît.

A partir de 2 ans, 7

***Certains aiment faire des puzzles ; d'autres ont horreur de cela. Essayez d'y intéresser votre enfant.

Commencez par un puzzle en deux morceaux : trouvez dans un journal une photo en couleur d'un objet familier. Collez-la sur un carton que vous découperez en deux selon un tracé un peu courbe. Puis montrez à l'enfant comment assembler ces deux éléments. Il voudra certainement le refaire après vous.

Le lendemain, confectionnez un nouveau puzzle en 3 éléments, puis en 4... Choisissez, par exemple, une maison, une voiture, un arbre, un fruit...

Ne lui donnez jamais qu'un puzzle à la fois. Il aura du mal, au début, à réunir les pièces des diverses images. Augmentez la difficulté jusqu'à 4 pièces, maximum, à la fin de la 3e année.

Les puzzles permettent à l'enfant d'exercer sa vivacité d'esprit, sa capacité d'effectuer un travail manuel et intellectuel en tentant de réunir des éléments distincts. Il apprend à faire des comparaisons précises, à vérifier par des essais répétés le meilleur moyen pour parvenir à un but déterminé.

*Vous pouvez commencer à lui apprendre les notions de longueur, de poids et d'espace. Expliquez-lui, à partir d'exemples, ce que signifient les données suivantes :
– long, court ;
– lourd, léger ;
– grand, petit.

Montrez-lui simultanément deux exemples opposés : un bâton long et un court ; une corbeille lourde et une autre légère ; une grosse et une petite pierre...

Deux mois plus tard environ, faites-lui comprendre que « long » et « court » sont des notions relatives : une barrière « courte » est toutefois beaucoup plus longue qu'une « grande » aiguille.

Ensuite, au bout de 2 mois encore, présentez-lui 3 objets de 3 tailles différentes : une ficelle courte, une autre plus courte et une troisième plus courte encore. Quelques jours plus tard, parlez-lui d'une longue barrière, d'une autre plus longue et d'une troisième plus longue encore.

Lorsque l'enfant aura bien assimilé cette notion, au début de l'année suivante, venez-en à des descriptions plus compliquées : « Telle barrière est plus longue que la plus courte, mais moins longue que la plus longue. » Cherchez des exemples pour lourd, plus lourd, très lourd ; léger, plus léger, très léger ; grand, plus grand, très grand ; petit, plus petit, très petit... Proposez-lui une comparaison de ce type tous les deux à trois jours environ.

**Rassemblez, dans les semaines qui viennent, un grand choix de bouteilles différentes. Lorsque vous en avez suffisamment, alignez-les devant l'enfant. Montrez-lui l'une des bouteilles et faites-lui trouver celle qui lui ressemble le plus...

Si vous êtes à proximité, laissez tranquillement votre enfant jouer avec des bouteilles. Les petits savent être prudents avec des objets cassables.
Cet enfant découvre que certaines bouteilles sont absolument identiques, alors que d'autres ne présentent que quelques similitudes.

Il faudra probablement, la première fois, lui expliquer ce que vous attendez de lui. Pour cela, placez deux bouteilles identiques l'une à côté de l'autre, et faites-lui remarquer leurs points communs : leur couleur, leur taille, leur forme. Laissez-le palper la bouteille. Vous renforcez ainsi, par un contact tactile, son impression optique.

Recommencez plusieurs fois l'exercice. Faites-lui trouver, également, une ressemblance entre d'autres objets : différentes variétés de pommes, d'emballages, de fromages, saucisses et saucissons... Plus vous lui montrerez d'exemples, et mieux l'enfant saura distinguer des différences qu'il ne remarquait pas auparavant. Sa perception s'en trouve affinée.

Il apprend, en outre, des mots nouveaux pour déterminer des écarts subtils, ce qui est essentiel pour l'évolution de sa réflexion. De plus, sa créativité en est stimulée puisqu'il lui faut un minimum d'expérimentations pour devenir « active ».

*Vous pouvez, très tôt, attirer l'attention de l'enfant sur la différence qui existe entre la cause et l'effet. Vous l'aidez ainsi à retirer d'une grande quantité d'impressions celles qui sont essentielles. Voici un exemple : lorsqu'il pleut, des mares se forment, ce qui tient à la quantité de pluie et à la nature du sol. Mais ces mares n'ont aucun rapport avec la présence ou l'absence d'éclairs, qui ne sont qu'un phénomène annexe.

Voici plusieurs autres situations qui vous permettront d'apprendre à l'enfant ce qui est essentiel et ce qui ne l'est pas. (Recherchez vous-mêmes d'autres cas.)

• Remplissez, à l'extérieur ou dans la baignoire, un seau d'eau jusqu'à 5 cm du bord. Jetez-y, tour à tour, quelques objets lourds : des pierres, un morceau de métal, du sable... L'enfant peut le faire avec vous. Il va d'abord constater que le niveau de l'eau augmente en fonction du volume des objets, et non de leur poids.

• Versez de l'eau sur un tas de sable à l'aide d'un tuyau, et regardez, avec l'enfant, ce qui se produit : le sable s'écarte et il se forme une mare. Si l'on relève le tuyau, l'effet de l'eau s'accentue jusqu'à creuser un véritable trou. Si l'on enfonce le tuyau dans le sable, il ressort de lui-même. Si l'on bouche à moitié l'orifice du tuyau avec le pouce, le jet se modifie et le sable s'écarte encore plus rapidement.

Montrez quels effets produisent des changements sur le tuyau, ou le jet.

• Allumez une petite radio, et laissez l'enfant augmenter ou diminuer le son. C'est en faisant jouer un certain bouton que l'émission change de tonalité. De même qu'un autre bouton permet de mettre en marche ou d'éteindre le poste.

• Faites marcher un cerf-volant devant l'enfant. Il peut alors remarquer l'influence du vent et ce qui se produit selon que vous courez ou restez immobiles. Allongez la ficelle au maximum, puis raccourcissez-la. Montrez-lui tout ce que l'on peut faire avec un cerf-volant. Laissez-le le tenir lui-même. Expliquez-lui pourquoi il change d'altitude ou de direction. Ensuite, il devra décrire exactement ce que va faire le cerf-volant en fonction de ses mouvements.

• Placez-vous avec l'enfant sur un petit pont au-dessus d'un ruisseau. Montrez-lui le reflet de l'eau. Jetez-y ensemble des pierres ou des branches : les pierres s'enfoncent, tandis que les branches flottent. Que font les petits bateaux ? Ils tournent sur eux-mêmes, sont ramenés vers le bord, ou filent rapidement...

L'enfant apprend ainsi qu'il existe différents courants dans un ruisseau, bien que l'eau, dans son ensemble, coule dans une même direction. Faites de ces observations une sorte de jeu : comparez son bateau au vôtre. Lequel va le plus vite vers son but ?

Tous ces exercices doivent s'accompagner des points suivants :
– regarder attentivement (même si ce n'est qu'un court moment) ;
– décrire soigneusement ;
– trouver des explications ;
– vérifier ses explications ;
– rechercher, le cas échéant, une nouvelle explication, jusqu'à ce que la bonne soit trouvée.

Faites avancer la réflexion de l'enfant en lui posant des questions choisies sous forme de jeu. Mais ne lui donnez pas vous-mêmes la solution. C'est à lui, maintenant, d'apprendre à réfléchir.

**Prenez une grande feuille de papier (format 21 × 29). Dessinez dans un coin un lapin, dans l'autre une carotte. Puis, tracez une ligne décrivant quelques courbes pour relier le lapin à sa carotte. Demandez à l'enfant d'indiquer avec le doigt ou avec un crayon de couleur le chemin que le lapin devra emprunter pour arriver à sa carotte.

Ensuite, faites un tracé un peu plus compliqué. Vous pouvez utiliser les thèmes suivants :
– le petit canard cherche sa mère ;
– le bateau passe sur différents fleuves et atteint enfin son port ;
– l'auto traverse la ville avant d'arriver à son garage.

Le goût de l'enfant pour la découverte

A partir de 2 ans

**Chaque saison propose de nouveaux fruits et légumes. Expliquez à l'enfant où ils poussent et quand on peut les acheter. Faites-lui reconnaître les différentes catégories, en lui en offrant à chaque saison, durant 10 à 15 jours, le plus grand choix possible. Outre les plus courants, pensez à ceux qui le sont moins : ananas, radis noir, noix, noisettes, pistaches ; et fruits secs : dattes, figues, raisins de Corinthe.

Attirez son attention lorsque vous les achetez et lorsque vous les déballez pour qu'il voie quelle quantité vous en avez de chaque sorte. Montrez-lui ensuite comment vous les préparez.

**L'enfant est très attiré par tout ce qui bouge. C'est pourquoi il ne se lasse jamais des animaux.

Laissez-le s'approcher aussi près que possible d'un animal, pour qu'il puisse l'observer un long moment. Il doit découvrir non seulement son aspect extérieur, mais aussi son comportement : comment il mange et dort, la façon dont il se protège des autres animaux... Expliquez-lui aussi ce qu'il signifie pour les hommes.

Il doit se familiariser, petit à petit, avec les êtres vivants :

– *Les animaux domestiques :* chien, chat, lapin, cochon d'Inde, hamster, poissons rouges, oiseaux de cage...

– *Les animaux des champs et des jardins :* lièvre, hérisson, fourmi, ver de terre, chenille, abeille, bourdon, grenouille, lézard, taupe, couleuvre, libellule, canard, oie, cygne...

– *Les animaux de la forêt :* cerf, chevreuil, renard, blaireau, écureuil.

– *Les oiseaux :* moineau, merle, grive, étourneau, pinson, rouge-gorge, hirondelle, mouette, busard, autour...

Racontez-lui quelque chose sur l'animal qu'il vient de voir. Quelques heures plus tard, rappelez-le-lui à nouveau, et proposez-lui, par exemple, de le dessiner.

**L'enfant ne s'intéresse pas encore beaucoup aux plantes, si ce n'est aux fleurs particulièrement riches en couleurs. Vous pouvez cependant facilement l'y amener en faisant entrer dans un jeu, ou dans un exercice, des fleurs, des arbustes et des arbres. Voici quelques idées :

• Rapportez des fleurs lors de vos promenades dans les champs. Montrez-lui ce que l'on peut en faire, une couronne, un bouquet pour mettre dans un vase, un centre de table pour un anniversaire.
• Cueillez toujours de nouvelles fleurs, et laissez l'enfant en trouver à son tour quelques exemplaires. Appelez-les par leur nom exact, que vous répéterez plus tard au cours d'une conversation. Lorsqu'il saura distinguer – sans se tromper – 5 fleurs différentes, faites un bouquet contenant 2 ou 3 fleurs de chacun de ces types. Puis introduisez quelques fleurs nouvelles. Si vous n'êtes pas sûrs de leur nom, renseignez-vous, en présence de l'enfant, qui apprend ainsi que l'on peut s'enquérir d'une information qui fait défaut. Vous pouvez aussi trouver un petit livre contenant des reproductions de

L'enfant est fasciné par les feuilles aux différents contours. Il va également s'intéresser aux noms des arbres.

fleurs. L'enfant s'amusera à y retrouver la fleur qu'il aura lui-même cueillie.

• Vous pouvez aussi lui faire connaître les arbustes et les arbres. Il sera heureux d'y découvrir framboises ou mûres, pommes ou cerises.

En automne, faites-lui chercher des marrons, cueillir des châtaignes, ramasser des glands et des pommes de pin.

***Maintenant, vous pouvez, et vous devez, l'éduquer sur la conduite à avoir dans la rue. Respectez certaines règles fondamentales :

• Comportez-vous toujours dans la rue ainsi que l'enfant devra le faire par la suite. Ne courez jamais sur la chaussée devant une voiture, utilisez autant que possible les passages cloutés, et marchez sur le trottoir : l'enfant vous observe continuellement et adoptera ensuite votre attitude.

• Apprenez-lui à traverser convenablement. Il faut d'abord regarder à gauche, puis à droite, et dire par exemple : « Voilà une voiture, il faut attendre. » Ensuite, prenez le plus court chemin pour parvenir de l'autre côté.

• Expliquez-lui le fonctionnement des feux : « Quand le petit piéton sera vert, nous aurons le droit de passer. Mais il faut attendre que le rouge soit éteint. »

Vous ne lui apprendrez jamais assez tôt à bien se comporter dans la rue. Plus vous le ferez participer (voir si la chaussée est libre, regarder les couleurs des feux), plus vite il saura respecter les règles de base.

• Montrez-lui qu'il doit toujours faire attention avant de s'engager sur la chaussée. Qu'il se méfie des deux-roues.

• Faites-lui prendre chaque mois un nouvel itinéraire, que vous emprunterez le plus souvent possible. Indiquez-lui où il doit faire particulièrement attention. Vous pouvez choisir le chemin qui mène à votre magasin préféré, au plus proche arrêt d'autobus, au parc, au jardin, chez des amis... L'enfant s'habitue alors progressivement à ces rues-là. Les bonnes habitudes l'aideront pour les années à venir à se comporter prudemment sur des itinéraires nouveaux et dans des situations différentes.

• Signalez-lui à quelle vitesse arrivent les véhicules. Apprenez-lui à ne jamais traverser tant que la chaussée n'est pas absolument dégagée. La plupart des accidents graves chez les enfants se produisent parce qu'ils traversent entre deux voitures en stationnement, ou qu'ils se précipitent sur la chaussée pour rattraper leur ballon ou aller retrouver un camarade. Rappelez-lui sans cesse la bonne réaction à avoir devant ce genre de situations.

A partir de 2 ans, 4

**Donnez-vous un jour la peine d'exposer un exemplaire des vêtements essentiels de l'enfant : chandail, pantalon, linge de corps, chaussettes, bonnet, gants, manteau... L'enfant aura ainsi un aperçu de sa garde-robe et pourra distinguer l'utilisation des divers éléments. S'il veut en mettre un tout de suite, laissez-le faire.

Votre démonstration peut devenir un jeu très amusant si vous lui fabriquez un « bonhomme » sur le tapis. Vous pouvez aussi comparer les vêtements d'hiver et d'été, ceux de jour et ceux de nuit.

Faites-lui retrouver les erreurs, en lui présentant, par exemple, un maillot de bain avec un pull-over de sports d'hiver.

**Faites-le s'habituer aux matériaux de base de son environnement : le bois, le fer, l'acier, l'aluminium, le cuivre, l'argent, l'or, le papier, la laine, la soie, le caoutchouc, le cuir, le plastique, le polystyrène, le verre... Montrez-lui-en quelques exemples.

Vous aurez peut-être des idées pour lui fabriquer des objets : sculpter une cuillère de bois, recourber de petites tiges de métal, découper et peindre du polystyrène...

Les deux parents peuvent parfaitement faire faire à l'enfant ce genre d'exercices, chacun connaissant plus précisément l'un ou l'autre matériau. En vous regardant et en essayant par lui-même, il s'habitue également à utiliser divers outils. Vous n'avez pas besoin d'arriver à une perfection absolue, mais choisissez toutefois des travaux que vous avez de bonnes chances de réussir, afin de ne pas décevoir votre enfant en cas d'échec.

**L'âge des interrogations apparaît chez chaque enfant à un moment différent. Certains commencent très tôt avec les questions traditionnelles : qui ? quoi ? quand ? comment ? pourquoi ?...

Chacune de vos réponses est un enrichissement pour lui et l'incite à continuer dans cette voie. Il acquiert ainsi, au fur et à mesure, un large éventail de connaissances. Trouvez donc, aussi souvent que possible, le temps et la patience qu'il faut pour le renseigner.

**Montrez à l'enfant certains éléments de notre environnement qui sont à sa portée. Toutes vos propositions doivent avoir une part de mobilité, de nouveauté par rapport à l'ordinaire, ce qui l'incitera, même pour ce qu'il connaît déjà, à considérer le monde avec des yeux neufs.

• Allez visiter une ferme si vous habitez en ville. Regardez ensemble les animaux, et expliquez-lui à quoi ils servent, où se trouve l'étable, où se prépare et se garde leur nourriture.

L'observation a toujours plus de valeur que l'explication : que l'enfant regarde la traite, aide à chercher les œufs, voie comment on mène les vaches au pré...

Il faut également qu'il se familiarise avec tout le matériel de la ferme : le tracteur, la batteuse, la moissonneuse... Emmenez-le voir les étables, la grange, le chenil, le tas de fumier, pour qu'il constate la diversité des installations.

• Lors d'une autre visite à la ferme, faites-lui également visiter les alentours ; parcourez le village, signalez-lui les points essentiels : l'église, la place du marché, la caserne des pompiers, les pâturages, les prés, les champs...

• Ne manquez pas de lui montrer une fête folklorique, des costumes, une foire. Il ne s'agit pas seulement de lui présenter des nouveautés, mais de lui faire sentir la participation des spectateurs : leur attente, leur excitation, leurs applaudissements...

Ne restez que tant qu'il s'y intéresse ; il en aura, probablement, rapidement assez : il se sentira trop peu concerné et ne pourra pas se remuer à sa guise. Une brève visite est déjà un enrichissement.

• Rendez-vous cette année au moins trois fois dans un jardin zoologique. Ne vous étonnez pas si l'enfant est plus attiré par les canards ou les perroquets que par les lions ou autres gros animaux. Ce n'est qu'au bout de plusieurs visites que s'évanouira son appréhension devant ces derniers. En outre, les animaux qui se déplacent l'intéressent davantage que ceux qui restent passifs dans leur coin.

Faites-lui remarquer certains détails : les cornes puissantes du bouc, l'agilité des singes, la roue du paon... Mais n'essayez pas de lui montrer le zoo tout entier. L'enfant en profitera mieux si vous le laissez plus longtemps devant le même spectacle : la cage des singes, ou le bassin des otaries.

Ne le saoulez pas d'informations. Observez un peu le comportement des autres parents et ce qui intéresse leurs enfants. Peut-être s'agit-il de ce qui fascinera aussi le vôtre.

Offrez-lui, pour entrecouper votre visite, une glace, une boisson, ou un tour dans le train miniature.

Quand vous emmenez l'enfant au zoo, laissez-le regarder ce qui l'intéresse. Ce ne sont pas toujours les gros animaux qui l'attirent le plus, mais souvent ceux que nous ne remarquons même pas : des oiseaux, une petite chèvre ou une tortue...

• Nous vous avons déjà indiqué qu'un petit citadin devrait parfois changer de cadre et découvrir une ferme et un village. L'inverse vaut, bien sûr, pour le petit campagnard. Il lui faut connaître les différents moyens de transport, les tramways, les autobus, les trains, les ponts, les tunnels, les croisements avec leurs feux de signalisation... les grands magasins, les belles boutiques, les buildings, les usines, les gares, ainsi que toutes les particularités de la ville...

Il ne pourra, bien sûr, pas tout voir en une seule visite : la multiplicité d'impressions nouvelles l'affolerait. Emmenez-le donc plusieurs fois en ville avec, chaque fois, un objectif déterminé : la circulation, les magasins, les bâtiments, les places...

Le lendemain, dessinez avec lui 2 ou 3 points qui l'ont frappé. Faites-lui retrouver beaucoup de détails.

Lorsqu'il aura surmonté son appréhension, il s'amusera beaucoup à caresser et à donner de la nourriture aux animaux.

Vous étayerez vos explications de quelques comparaisons : « Ici, il roule beaucoup de voitures ; là, il y en a moins. Chez nous, les maisons sont plus basses que le clocher de l'église ; mais, en ville, c'est le contraire. »

A partir de 2 ans, 7

***Cette année l'enfant devrait absolument découvrir les activités des adultes. Si le père ou la mère exerce une profession typiquement « masculine » ou « féminine », il serait bon de lui décrire un métier qui convient aux deux à la fois : serveur ou serveuse, chauffeur ou chauffeuse de taxi... Il évitera ainsi d'associer tel métier à tel sexe, d'autant que cette distinction aura sans doute disparu quand il sera grand.

Il se peut que vous exerciez un métier que vous n'êtes pas en mesure d'expliquer à un enfant – programmeur ou banquier –, ou dont il ne peut visiter les installations. Choisissez alors le métier d'un de vos amis, qui sera plus facile à présenter. Celui-ci ou celle-ci pourra lui décrire ses activités et l'emmener une heure ou deux sur son lieu de travail. Si le père est chauffeur routier, par exemple, vous pouvez très bien mimer son travail : l'un de vous va dans une chambre, chercher un

« ordre de route » ; puis il établit son itinéraire. Ensuite, il va dans l'entrepôt où est stockée la marchandise à livrer, la charge sur son camion — un des camions de l'enfant. Ce dernier participe à toutes ces démarches. Puis il ferme le véhicule et démarre. De temps à autre, il s'arrête à une station-service, un carrefour, ou chez ses clients... Vous pouvez recommencer plusieurs fois certaines de ces activités. L'enfant comprendra alors mieux ce dont il s'agit. N'oubliez pas l'arrêt du petit déjeuner, du déjeuner, le règlement des marchandises, le passage à la banque pour retirer de l'argent.

L'enfant doit déjà réaliser la différence entre les recettes et les dépenses. Si vous travaillez à domicile, la relation lui sera encore plus aisément perceptible.

Prenez beaucoup de temps pour l'introduire « en jouant » dans le monde du travail, puisque celui-ci remplit la majorité du temps des adultes. Sinon, l'enfant aura du mal à admettre que son père et sa mère « disparaisse » dès le matin, que l'on parle souvent d'argent ou de la situation, et que la vie des adultes ne soit pas qu'un jeu.

Lorsque vous lui aurez exposé un ou plusieurs métiers, parlez-lui aussi de certaines conditions de travail : si le travail vous plaît et pourquoi, si le lieu de travail est agréable, si vous rencontrez d'autres personnes, ce que font vos collègues...

***L'enfant apprendra aussi beaucoup sur les différents métiers dans la vie de tous les jours : il observe le facteur, le livreur de journaux, les éboueurs, les balayeurs, les conducteurs de bus... Il côtoie chaque jour des vendeurs et des vendeuses, le marchand de légumes, le boucher, le coiffeur, le boulanger, le médecin... Vous enrichirez ces premières impressions en lui en disant davantage sur tous ces métiers, en demandant aux intéressés de lui donner des explications, en le laissant les regarder dans leur travail.

Evitez de lui présenter un métier de façon péjorative ; montrez toujours l'aspect positif et utile des choses.

A partir de 2 ans, 10

***Donnez maintenant à votre enfant toutes les explications concernant le corps humain.

Commencez au moment du bain ; demandez-lui, par exemple : « Où est ton nez ? Où est ton nombril ? Où est ta verge ? Où est ton vagin ? Où est ta tête ?... »

Posez-lui des questions en vrac sur toutes les parties du corps : le sommet de la tête, les cheveux, les oreilles, le bras droit, le bras gauche, les mains, les doigts, les épaules, le cou, le nez, les yeux, les sourcils les cils, les tempes, le front, le menton, les joues, la langue, les dents, la poitrine, le dos, les côtes, le ventre, les fesses, les hanches, les cuisses, les mollets, le péroné, les genoux, les talons, les pieds, le cou-de-pied, le gros orteil, les doigts de pied, le coude, le pouce, l'index, le majeur, l'annulaire, le petit doigt, les jointures, les articulations...

Lorsque l'enfant n'a plus envie de répondre, reportez le jeu à un autre jour. Félicitez-le lorsque la réponse est bonne. Et demandez-lui, de temps à autre : où se trouve mon nez ? ma bouche ? mon ventre ?... Montrez-lui sur lui et sur vous les parties du corps qu'il ne connaît pas encore par leur nom. Pour les organes génitaux, faites-vous aider dans vos explications par votre partenaire, afin de lui montrer ceux de l'autre sexe. Vous pouvez également lui expliquer certains processus qui interviennent dans son corps : le cheminement de la nourriture, la circulation du sang, la respiration, le rôle du cœur (en lui en faisant sentir les battements), celui des os (stabilité du corps), le travail des muscles (faites-lui tâter vos biceps lorsque vous soulevez quelque chose). Reliez toutes ces explications à des exemples concrets. N'essayez pas de les donner toutes en une fois, mais sachez profiter de la situation présente, par exemple lorsqu'il se blesse et saigne.

*L'enfant connaît maintenant beaucoup d'appareils ménagers, et sait à quoi ils servent. Mais il n'a qu'une idée confuse sur d'autres questions. Sait-il, par exemple, pourquoi vous conservez certains aliments dans le réfrigérateur, et d'autres non ? Comment fonctionne l'aspirateur ? Pourquoi les vêtements sont suspendus dans une armoire ? Comment marche la machine à laver ? Vous pouvez commencer à le lui expliquer ; vous l'intéresserez certainement. Vos informations doivent s'accompagner de quelques notes positives : l'enfant réfléchit avec vous, compare ses expériences nouvelles avec ses idées antérieures, corrige ses erreurs, profite de son entretien avec vous et élargit le registre de ses connaissances.

Il voudra bientôt mettre en application sa science toute neuve, soit dans le jeu, soit dans la vie de tous les jours. Il ressentira alors un enrichissement au niveau de ses activités et de sa réflexion, ce qui l'incitera à recueillir davantage d'informations.

**Un exercice d'observation très efficace consiste à présenter simultanément des appareils anciens et modernes : un vieux moulin à café et un moulin électrique, un balai et un aspirateur, une cuisinière à charbon et une cuisinière électrique, un poêle à charbon et un chauffage central, un

Il est essentiel que l'enfant s'habitue à certains outils. Il apprend ainsi à guider ses gestes et à adapter l'outil au matériau. Quelle joie lorsqu'il arrive à taper sur la tête du clou !

fouet à main et un batteur électrique : les comparaisons ne sont pas toujours réalisables à la maison, mais vous en aurez peut-être l'occasion dans d'autres foyers.

***Les boîtes à outils sont, en général, une mine de découvertes pour l'enfant. Mais celle de son père ne contient pas que des objets avec lesquels il peut jouer. Rassemblez quelques pièces dont il a le droit de se servir : un petit marteau, une boîte de clous d'environ 3 cm de long, un ou plusieurs morceaux de bois tendre ou de liège, des tenailles, 1 mètre de fil de fer souple, une pince plate, un tournevis et quelques vis.

Expliquez-lui comment on doit manier ces « jouets pour grandes personnes ». Bricolez avec lui une petite table de poupée, avec un plateau et deux petites planches sur le côté, un plateau avec des anses de fil de fer pour transporter ses cubes, une planche avec des clous pour suspendre les poignées d'amiante dans la cuisine.

S'il a du mal à continuer le jeu, aidez-le un peu plus. Soit il voudra reprendre ce que vous avez commencé, soit il continuera à vous regarder faire. Montrez-lui toutefois comment il peut utiliser les divers outils.

Amenez toujours votre petit ouvrage à son terme — même si l'enfant s'en va entre-temps pour faire autre chose.

Il doit comprendre que les pièces détachées peuvent « donner quelque chose ». Un peu plus tard, reprenez ce jeu avec un nouvel objectif, mais avec les mêmes outils : il faut qu'il en saisisse les diverses possibilités d'utilisation. C'est ainsi qu'il pourra, sciemment, donner libre cours à sa fantaisie créatrice.

Comment éveiller le sens musical de l'enfant ?

A partir de 2 ans

**Continuez à apprendre beaucoup de chansons à votre enfant, ainsi que vous l'avez fait l'année précédente. Commencez par lui chanter deux fois la chanson ou son premier couplet. S'il vous écoute attentivement, entraînez-le à chanter avec vous la troisième fois. Regardez-le bien en face, pour qu'il puisse suivre les mouvements de votre bouche.

En même temps, ou le lendemain, racontez-lui, avec vos mots à vous, l'histoire de cette chanson. Choisissez donc seulement des chansons que l'enfant peut comprendre et dont le contenu n'est pas démodé. Ensuite, récitez une fois toutes les paroles.

Votre « cours de chant » sera encore plus efficace si vous en dessinez l'histoire ou l'une des scènes sur une feuille de papier. L'enfant peut, naturellement, dessiner avec vous s'il en a envie ; peu importe si le dessin l'amuse subitement plus que le chant.

Quelques jours plus tard, répétez la chanson en entier. Redites le texte et chantez avec votre enfant. Un peu plus tard encore, reprenez cette chanson de la façon suivante :

– Vous la chantez une fois en entier avec l'enfant.
– Vous la fredonnez en faisant « la-la-la... » ou « mm-mm-mm... »
– Vous dites le texte.
– Vous chantez tous les couplets.
– Vous chantez en vous accompagnant de pas de danse ou de mouvements rythmés.

Il y a, bien sûr, encore d'autres possibilités. Vous pouvez par exemple, chanter la chanson tout doucement : l'enfant sera encore plus attentif. Ou bien vous chantez très fort, ou plus lentement, ou de façon plus accentuée. Battez le rythme de la chanson sans la musique, avec vos mains ou sur un tambour. Votre voix doit toujours être très naturelle et le texte facile à comprendre.

Si vous avez oublié toutes vos chansons d'enfance, achetez un de ces livres que l'on utilise dans les écoles maternelles ou les jardins d'enfants. On vous en indiquera dans n'importe quelle librairie.

Il n'y a que peu d'enfants de cet âge qui rechantent convenablement ce qu'ils ont entendu. Mais abstenez-vous de toute critique, pour ne pas lui enlever son plaisir.

**Les enfants ne doivent pas seulement « entendre » de la musique. Ils doivent aussi voir comment on la « fait » – en observant soit un orchestre, soit un petit groupe de musiciens, soit un musicien isolé. La qualité d'interprétation n'entre pas en ligne de compte. Montrez-lui l'orchestre d'une fête folklorique, les musiciens ambulants, ou un orchestre de danse. L'enfant ne va s'y intéresser que peu de temps. Mais c'est suffisant : il observe tout de même ce que font les musiciens avec leurs instruments différents, et la façon dont tel ou tel groupe interprète tel ou tel morceau.

Complétez cette éducation musicale en lui faisant écouter la radio, la télévision, un disque ou une cassette de magnétophone. L'enfant doit, en effet, découvrir une grande variété de musique. Expliquez-lui quel instrument joue en solo à tel ou tel moment. Lors de retransmissions de concerts ou d'opéras, la caméra montre souvent les artistes : regardez-les avec lui.

***L'enfant est capable, maintenant, d'apprécier une vraie « séance musicale ». Commencez par une petite chanson qu'il ne connaît pas, et jouez-la sur un instrument quelconque. Puis chantez avec lui l'une de ses chansons préférées, et récitez un poème qui lui plaît.

Ensuite, faites-le danser en chantant, ou en écoutant un disque.

Pour terminer, choisissez un morceau de musique, ou un disque, particulièrement vivant.

L'ensemble ne doit pas dépasser 10 minutes.

Si cela lui a plu, recommencez une « séance » de ce genre la semaine suivante. Vous pouvez, bien sûr, vous écarter, au gré de votre fantaisie, des idées que nous vous suggérons. L'essentiel est que votre programme ne comporte pas de point mort, et que l'enfant y prenne une part active. Il doit pouvoir se dépenser physiquement en même temps, pour ne pas perdre rapidement toute envie de continuer !

A partir de 2 ans, 7

***Si l'enfant s'intéresse beaucoup aux jeux musicaux que vous lui proposez, vous pouvez dès maintenant passer à des exercices plus précis. Sinon, continuez à lui faire faire ceux des 6 premiers mois de cette 3e année. Les jeux suivants lui sembleront peut-être plus faciles dans l'avenir.

• Accompagnez de battements de mains rythmés différentes cadences : animée, rapide, grave...

Recommencez cet exercice le lendemain en incitant l'enfant à vous accompagner. Il y arrivera très bien si vous avez la patience de lui répéter plusieurs fois un même rythme. Arrêtez-vous suffisamment entre deux répétitions. Choisissez pour commencer des rythmes faciles à reproduire.

• Vérifiez si l'enfant peut déjà répéter certains sons. Notez le ton dans lequel il chante habituellement (haut ou bas) et choisissez le même que lui. Vous pouvez le lui donner sur une flûte. Félicitez-le s'il y arrive, et montrez-lui comme vous êtes content. Vous l'encouragerez ainsi à trouver le ton juste.

Cet exercice n'est pas facile : des enfants plus âgés, des adultes même n'y arrivent pas toujours ! Mais si votre enfant y parvient déjà, son éducation musicale n'en sera que plus fructueuse. Aussi n'hésitez pas à recommencer.

• Fredonnez-lui le début d'une chanson, et demandez-lui de continuer.

Les activités de création

A partir de 2 ans

***L'enfant doit sortir le plus possible. Durant les saisons chaudes, il jouera au tas de sable. En hiver, il pourra jouer dans la neige.

Il faudra qu'il fasse connaissance avec une multitude de matériaux : le sable, l'argile, la terre, le gravier, l'eau, la neige... et que vous lui donniez, à chaque fois, les jouets qui conviennent : des moules, une pelle, un seau, un rateau, un tamis, éventuellement une petite brouette.

L'enfant apprend, en jouant, à se servir de sable sec ou mouillé. Il lui donne une forme, essaie de le transporter, « fait des gâteaux », creuse des trous, des fossés, le lance en l'air et observe toutes les modifications qui interviennent : le sable coule ou se met en boule, on peut le lisser, le presser, le passer, l'entasser...

L'enfant observera les autres. Mais asseyez-vous, vous-mêmes, à ses côtés pour lui montrer quelques « trucs », par exemple comment faire des gâteaux avec ses moules. Montrez-lui aussi :

– Comment creuser avec la pelle un trou plus profond, plus rond, ou plus grand.
– Comment tasser le sable pour faire un château.
– Comment tracer une route pour faire passer ses voitures.
– Comment utiliser les moules pour décorer...

Ne vous laissez pas impressionner par l'idée que les autres parents vont vous voir jouer au tas de sable ! L'important est que vous soyez à côté de votre enfant pour l'aider. D'ailleurs, les autres mères attendent souvent qu'un ou qu'une « courageuse » se décide avant d'y aller elles aussi.

Il est, en outre, prouvé scientifiquement que les enfants régressent dans leur développement s'ils ne sont pas encouragés de temps en temps, ou félicités pour leurs œuvres. Ils risquent de perdre tout intérêt pour tel ou tel jeu, surtout s'ils constatent que les autres réussissent toujours mieux qu'eux.

En hiver, aussi, les occupations sont multiples. Montrez-lui comment faire une boule de neige, un bonhomme de neige grandeur nature, des animaux, des trous, des châteaux.

Mais le plus beau des bonshommes de neige n'amusera pas longtemps votre enfant s'il a les pieds mouillés et s'il grelotte : mettez-lui donc des vêtements et des gants chauds et imperméables, lui laissant tout de même sa liberté de mouvements !

A partir de 2 ans, 4

**Il vous faudra, pour les exercices suivants, une grande quantité de terre glaise ou de pâte à modeler. Vous pouvez la conserver dans un seau recouvert d'un linge humide.

L'enfant n'a besoin, pour commencer ses modelages, que d'une seule couleur de pâte. Vers 2 ans et 9 mois, donnez-lui 3 couleurs supplémentaires.

Le bloc de pâte doit être de 10 × 10 × 5 cm. Asseyez-vous à côté de l'enfant, à une table recouverte d'une feuille de plastique que vous consacrerez à cet usage. Détachez un petit morceau, pétrissez-le en le travaillant des deux mains, puis roulez-le en boule, ou étalez-le. Si la pâte est très dure, préparez-la toujours avant de la donner à l'enfant.

Faites seulement des modèles très simples : une saucisse, un serpent, une assiette, un bol... L'enfant y arrivera certainement, lui aussi, après quelques essais.

Vous pouvez passer ensuite à des formes plus élaborées, par exemple des animaux, à condition qu'ils ne soient pas trop fragiles.

A partir de 2 ans, 7

***Vous pouvez maintenant organiser de vrais « cours de peinture ». Voici les accessoires dont vous aurez besoin :

– Une « blouse de peintre » pour protéger les vêtements.

Si vous choisissez une blouse blanche, l'enfant va trouver très drôle de la couvrir de taches de toutes les couleurs ! Prenez plutôt un vêtement facile d'entretien et que vous pourrez, le cas échéant, jeter sans scrupule au bout de plusieurs séances.

– Un grand drap de 1 m × 1 m 50, que vous étalerez sur le sol. On y posera papier à dessin et boîte de peinture. Vous n'aurez pas à redouter les taches sur le tapis.

– Beaucoup de papier ! Les feuilles doivent être environ 4 fois plus grandes que du papier à lettres. Vous pouvez peut-être récupérer des chutes de papier dans une imprimerie, ou acheter, à peu de frais, du papier pelure dans un magasin d'articles de bureau.

Collez le papier aux quatre coins sur le drap, ou la feuille de plastique, étalé par terre. L'enfant pourra ainsi s'appuyer sur une main et peindre de l'autre, sans faire glisser sa feuille.

– De la couleur et des récipients. Versez 2 cuillères à soupe de couleur liquide (4 ou 6 couleurs différentes) dans de petits gobelets (des pots de yaourt, ou des verres à moutarde), et collez les récipients sur une grande planche de 40 × 40 cm environ.

– Un choix de pinceaux : soit un pinceau rond à poils durs (diamètre de 6 à 10 mm), et un pinceau plat (de 1, 2 à 1,5 cm).

Au début, vous peindrez en même temps que l'enfant sur votre feuille à vous. Il pourra voir comment vous tenez votre pinceau, comment vous le trempez dans la couleur, comment vous peignez des lignes et des ronds...

Faites ensuite un bonhomme qui n'a pas besoin d'être artistique, mais fait de lignes grossières : une tête, un tronc, des jambes, des bras, des cheveux, des yeux, un nez et une bouche. A la fin de l'année, l'enfant arrivera à peindre des personnages. Demandez-lui, par exemple, si la tête est directement rattachée au tronc. Il « apprend » ainsi l'existence du cou ! Il découvre ensuite d'autres détails : la paume de la main, les doigts... N'espérez pas qu'il les reproduise tout de suite dans ses prochaines peintures : il va répéter éternellement les formes qu'il a faites jusque-là. Puis, il fera subitement un grand pas en avant.

L'important est que vous vous intéressiez à ses œuvres et que vous les appréciiez ! Il faudra pour cela

Le dessin est comme un procédé magique qui fait surgir les objets. Toute création nouvelle est pour l'enfant une excellente stimulation.

que vous les accrochiez dans sa chambre, ou dans d'autres endroits de la maison. Au bout de quelque temps, vous en mettrez de nouvelles.

Laissez d'autres enfants peindre en même temps que le vôtre. Il y trouvera des idées neuves différentes des vôtres. N'attendez pas trop de ses talents artistiques. Ses premières « œuvres » ne seront jamais que des lignes s'entrecroisant grossièrement, et des taches de couleur. Demandez-lui cependant ce qu'il a voulu représenter : il vous indiquera sans doute certaines lignes en vous donnant des explications. Petit à petit, vous commencerez à découvrir un lien entre ses dires et ses représentations. Pour les personnages que l'enfant essaiera souvent de peindre, vous ne trouverez d'abord qu'une tête avec deux longues jambes. Puis viendront les bras (rattachés à la tête) et enfin le tronc. Proposez-lui souvent de nouveaux sujets : un animal, une fleur, un arbre, une maison...

Evitez les erreurs suivantes :

- Ne critiquez pas ses peintures, ne faites pas de comparaisons, ne vous immiscez pas dans son jeu sous prétexte de l'améliorer.
- Ne lui donnez pas trop de couleurs à la fois.
- Ne l'installez pas sur un chevalet, car les couleurs dégoulineraient les unes sur les autres.

• Ne le laissez pas trop longtemps peindre directement avec ses doigts : il ne pourrait pas faire de traits assez fins, mais seulement des lignes qui auraient toutes la même largeur, et la couleur s'étalerait moins bien qu'avec un pinceau.
• Donnez-lui un papier assez grand.
• Laissez-le peindre souvent, même s'il use beaucoup de papier et que les saletés vous énervent.

***Voici des jeux que vous pouvez faire faire à votre enfant, chez vous ou à l'extérieur :

• Un train de marchandises, ou de voyageurs, avec des tables et des chaises. Plus les enfants sont nombreux, plus ils s'amusent. Le convoi démarre d'un certain point, il s'arrête, il est déchargé. Les voyageurs montent et descendent. Le chef de gare siffle...
• Un bateau, un camion ou une voiture de pompiers avec des tables, des chaises, des coussins, des couvertures... L'enfant les construit, puis les « conduit ».
• Une maison, une caverne, une tente avec des planches, des cartons... On peut y dormir, y manger, y installer ses poupées et ses animaux en peluche.

*** Vers la fin de l'année, l'enfant est déjà très adroit de ses mains. Stimulez sa faculté de coordonner ses mouvements des yeux et des doigts en lui offrant un jeu vieux comme le monde : des perles. Achetez dans un magasin de jouets quelques grosses perles de bois brun et blanc, ou des perles de plastique de couleur à gros trous. Apprenez-lui à les enfiler avec une aiguille à repriser sur du fil solide. Lorsqu'il a à peu près compris le principe, montrez-lui comment on peut associer les couleurs. Admettons qu'il y ait des perles blanches et marron : vous pouvez faire un bracelet, ou un collier, tout marron, un autre marron et blanc, un troisième tout blanc, et un autre enfin en mettant 2 perles blanches, puis une perle marron.

Attendez qu'il ait bien assimilé le précédent modèle pour lui en présenter un nouveau. Mais laissez-le aussi, de temps à autre, enfiler les perles « irrégulièrement » à son gré.

*Vous pouvez composer une mosaïque à partir de morceaux d'illustrés ou de papier adhésif. Découpez, avec l'enfant, le papier en petits morceaux. Puis collez-les sur une feuille en réalisant une certaine forme ou une harmonie de couleurs.

Les jeux de mouvements : ils stimulent l'esprit d'initiative de l'enfant

A partir de 2 ans

**Les mouvements que l'enfant fait chaque jour spontanément (dans la vie courante, ou en jouant) suffisent, en principe, à développer son appareil musculaire.

Il serait cependant excellent que vous y ajoutiez quelques exercices précis, surtout si vous habitez dans un logement exigu et que l'enfant n'a que rarement l'occasion de se dépenser en plein air. Renforcez les mouvements naturels avant de passer à des exercices définis. Ce sera très amusant si vous les présentez sous forme de jeu, par exemple :

• Laissez l'enfant, lors de votre promenade quotidienne, grimper sur un grand escalier.
• Laissez-le se balancer sur un petit muret de 10 à 20 cm de haut. Vers la fin de l'année, le muret peut atteindre 30 à 50 cm.
• L'enfant peut apprendre à sauter à pieds joints de ce muret.
• Faites-le sauter dans vos bras.
• Emmenez-le sur une petite pente raide où il pourra se traîner à quatre pattes. Il saura bientôt s'y tenir en équilibre sans l'aide des mains.
• Faites-le marcher le long d'une ligne droite. Plus tard, il devra essayer de le faire les yeux fermés, et vous lui montrerez ensuite ses erreurs de parcours.
• Faites des exercices d'adresse avec des pierres dans un ruisseau ou dans un bassin. L'enfant placé à 2 mètres, doit essayer de lancer les pierres sur une planche de bois ou une vieille boîte de conserve.
• Sur un espace suffisamment dégagé, l'enfant doit essayer de porter un bâton (une canne ou un manche à balai), d'abord avec les bras étendus à l'horizontale, puis à la verticale.
• Faites-le taper dans un ballon alternativement avec le pied droit, puis le gauche.

***Voici quelques conseils pour l'habituer à l'eau, qui lui seront très utiles, par la suite, pour l'apprentissage de la natation. Nous vous expliquerons dans le tome 4 comment lui apprendre à nager.

• L'eau du bain doit être entre 32 et 36° (utiliser un thermomètre). La salle de bains doit être, également, à une température agréable. Laissez-le jouer avant de commencer à le laver. Pour finir, douchez-le avec un jet à 16-20°, pour refermer les pores de la peau.
• Restez toujours dans la salle de bains, pour plus de sécurité, pendant que l'enfant est dans la baignoire : il risque de tomber dans l'eau la tête la première, et de ne pas savoir s'en sortir par affolement.
• Faites recouler de l'eau chaude, lorsque celle du bain s'est refroidie. L'enfant s'habituera ainsi à l'eau « courante », aux vagues, aux éclaboussures et aux bulles d'air. Utilisez la douche pour représenter une « fontaine » ou de la « pluie ».
• Donnez-lui quelques jouets dans

L'enfant peut ici s'exercer, sans risque, à sauter. Il recommencera ce jeu éternellement tant il est heureux de ses performances !

son bain : des animaux de plastique, des petits bateaux, un gobelet, une poupée pouvant supporter l'eau...

• Lorsque l'enfant se sent en sécurité, vous pouvez augmenter le niveau de l'eau. Faites-le, de temps à autre, s'allonger sur le ventre ; jouer à l'« arroser », à faire de la mousse, à faire la planche, à déchaîner une tempête...

• Soyez indulgent et laissez-le éclabousser la salle de bains. Vous pouvez toujours mettre par terre une grande serviette pour éponger les dégâts ! C'est en faisant gicler l'eau que l'enfant se familiarisera le mieux avec cet élément : il apprendra ainsi que ce n'est pas un drame s'il en reçoit sur le visage ou dans les yeux, et trouvera cela plutôt drôle.

• Baignez-vous de temps en temps avec votre enfant et jouez avec lui.

A partir de 2 ans, 4

**Les enfants de cet âge ne sont pas très attirés par les flexions et autres mouvements de gymnastique, qui ne font que l'ennuyer, et dont il ne perçoit pas encore l'utilité.

Mais la gymnastique peut cependant l'amuser si elle est rattachée à un jouet, par exemple à un ballon : l'enfant se concentre alors sur l'objet en question et ne remarque pas qu'il fait en même temps un petit entraînement physique.

La plupart des jeux de ballon peuvent augmenter aisément en vitesse, en difficulté et en durée. Vous pouvez donc à la fois les adapter au niveau de l'enfant et les associer à de nouveaux exercices. Commencez par un exercice qui semblera facile. Puis, augmentez progressivement la difficulté en fonction du plaisir que l'enfant y trouve, soit tant qu'il y parvient sans faire trop d'erreurs.

Vous devez donc toujours suivre de près ses réactions. « Oubliez » votre orgueil de mère au profit des possibilités de votre enfant. Faites-lui plutôt répéter les jeux les plus simples, au lieu de lui en proposer de nouveaux, trop difficiles pour lui. Il a besoin de votre appréciation, de vos louanges. Quand il réussit quelque chose, il veut sentir que cela vous fait plaisir. Mais si vous lui dites : « Voilà un jeu que tu as déjà fait beaucoup mieux », il perdra sa confiance en lui. Il ne voudra plus recommencer spontanément, de peur de se faire rabrouer.

Voici quelques jeux que vous pouvez lui proposer avec un ballon de couleur, d'environ 15 à 20 cm de diamètre et qui rebondit bien :

- Vous vous asseyez, les jambes écartées, l'un en face de l'autre. Faites rouler le ballon de l'un à l'autre. Augmentez peu à peu l'écart entre vous deux.
- Vous vous asseyez l'un en face de l'autre, jambes serrées. Faites rouler la balle à droite puis à gauche.
- Allongez-vous tous les deux sur le ventre. Faites rouler le ballon de l'un à l'autre. Eloignez-vous progressivement.
- Vous vous asseyez l'un en face de l'autre en vous appuyant en arrière sur les mains. Lancez le ballon avec les pieds, et rattrapez-le de même.
- L'enfant fait un pont en s'appuyant sur les mains et les pieds, en tournant soit le ventre, soit le dos vers le sol. Puis vous faites rouler le ballon sous le pont.
- L'enfant est debout, jambes écartées, et fait passer le ballon en arrière entre ses jambes. Vous rattrapez le ballon, en tournant le dos à l'enfant, et le renvoyez dans la même position.

« Coucou, me voilà ! Et, si vous voulez, je peux aussi repartir en arrière. »

Beaucoup de jardins sont équipés de toutes sortes de jeux pour glisser, faire de la gymnastique, grimper, se balancer... Changez souvent d'endroit, pour que l'enfant profite de toutes les possibilités d'attractions.

- Vous êtes debout, face à l'enfant, et vous vous renvoyez le ballon. Commencez à 1 mètre de distance. Mais faites attention de ne jamais lancer le ballon à hauteur du visage.
- Apprenez à l'enfant à lancer le ballon en l'air et à le rattraper. Evitez de lui montrer tout ce que vous pouvez faire dans ce domaine ! Vous ne réussiriez qu'à le décourager. Ne lancez pas le ballon, au début, plus haut que votre visage.
- Vous soulevez le ballon des deux mains, au-dessus de la tête, et le lancez aussi loin que possible.
- Vous soulevez le ballon en l'air des deux mains, le lancez à vos pieds, et essayez de le rattraper en sautant.

Attendez pour cet exercice que l'enfant sache le rattraper.

- Placez une corbeille à 1 ou 2 mètres de l'enfant, et faites-lui lancer le ballon dedans. Plus tard, vous le faites s'éloigner davantage et lancer le ballon dans un panier plus petit.

- Vous prenez chacun un ballon, et le tenez au-dessus de la tête. Puis, vous courez en décrivant un grand cercle sans lâcher le ballon.

Ne répétez pas ces jeux trop fréquemment les uns après les autres, afin de ne pas ennuyer, ni fatiguer l'enfant. Passez rapidement à un nouvel exercice.

**Laissez l'enfant grimper sur votre dos. Lorsqu'il s'y sera habitué et n'aura plus peur de vous tenir par le cou, vous pourrez amplifier vos mouvements et essayer de le désarçonner.

**Mettez l'enfant sur vos épaules, et courez dans tous les sens. Vous pouvez aussi vous pencher un peu vers l'avant et l'arrière. Mais tenez-lui toujours bien les mains pour qu'il se sente en sécurité. Et faites attention qu'il ne se cogne pas à une porte ou à un lustre...

**Tenez-le par les mains, et faites-le tourner plusieurs fois. Ne prolongez pas trop ce jeu, car vous aurez tous les deux la tête qui tourne !

Vous pouvez aussi faire « l'avion » en le tenant par un poignet et par une cheville. Mais il vous faut beaucoup de place !

*Tenez-le par les mains, et faites-le

glisser le long de votre dos. A la fin, posez-le par terre, ou soulevez-le complètement.

**Jouez à la « brouette » : vous tenez l'enfant par les pieds et le faites marcher sur les mains. Commencez par lui faire parcourir 3 mètres, puis augmentez jusqu'à 10.

*Apprenez-lui à faire la galipette. Il lui faudra, au début, de l'aide et un tapis moelleux !

A partir de 2 ans, 7

***Rendez-vous souvent dans des jardins comportant des attractions pour les enfants.

Elles ne sont, certes pas, toutes enrichissantes. Mais l'enfant y trouvera tout de même, pour un temps limité, de grandes possibilités de se dépenser physiquement.

N'hésitez pas à l'emmener sur le toboggan, la balançoire, le manège, les chevaux à bascule, le portique, la cage à poules, ou au tas de sable. Peut-être avez-vous la chance d'habiter à proximité d'un jardin très bien aménagé. Ne négligez pas, cependant, de lui montrer un autre « cadre » : une prairie, une plage, une forêt. L'enfant sera sûrement attiré par le toboggan : il va regarder les autres enfants, voir ce qu'ils font, et voudra ensuite, lui aussi, grimper au sommet pour glisser tout en bas. Ne le laissez pas faire. Il doit s'y habituer progressivement. Faites-le d'abord glisser sur une petite portion du toboggan, en le tenant bien sous les bras. Au bout de quelques essais, laissez-le emprunter le toboggan tout entier. Et, là aussi, ne vous éloignez pas. Choisissez, pour son entraînement, un toboggan sur lequel il n'y a pas trop d'enfants ! Restez derrière lui pendant qu'il grimpe, pour pouvoir le retenir en cas de faux pas. Et, si possible, faites les premières glissades avec lui, en le tenant, ou bien faites-le accompagner d'un enfant plus âgé. Au début, vous aurez probablement plus peur que lui. Mais ne le laissez pas voir ! Vous n'aurez sûrement pas envie de lui transmettre votre appréhension. Ne soyez pas non plus négligents : observez-le, pour voir s'il a bien compris les manoeuvres. et corrigez-le tout de suite s'il ne s'y prend pas parfaitement.

Nous avons pris l'exemple du toboggan. Respectez la même démarche pour toutes les autres installations du jardin.

Si vous constatez que l'enfant n'a pas tellement besoin de vos indications, soit parce qu'il a bien observé les autres, soit parce qu'il a compris vos réactions, limitez vos conseils au minimum. Il saura appliquer son expérience à une autre attraction. Il faut, en outre, lui conserver un terrain pour ses découvertes et ses essais personnels.

**Une patinette, un tricycle ou un kart n'ont plus de secret pour lui. Ces jouets développent la motricité. Il sait maintenant contrôler un enchaînement de mouvements, les rendre automatiques, et mettre ses muscles en marche.

Voici en quoi consiste cette démarche complexe : pendant que les pieds travaillent régulièrement, l'enfant regarde devant lui, évite les obstacles, prend conscience de la « griserie de la vitesse » et garde cependant les yeux bien ouverts sur les autres choses intéressantes qui se déroulent simultanément autour de lui.

Il ne s'agit pas de lui acheter toutes sortes de véhicules : parlez-en avec des voisins ayant un enfant du même âge. Ils seront sûrement d'accord, et ravis, pour échanger, de temps à autre, la patinette ou le kart de leur fils contre le tricycle du vôtre.

***L'enfant a du mal à faire la distinction entre la droite et la gauche.

L'une de ces difficultés réside dans le fait que vous vous tenez, généralement, en face de lui : votre main droite correspond à sa main gauche. Tenez-vous donc toujours à côté de lui lorsque vous voulez lui parler de droite et de gauche. Sinon, il sera très long à s'y retrouver.

Tenez votre bras droit à côté du bras droit de l'enfant, en disant : « Voici le bras droit. » Insistez un moment sur tous les objets qui se trouvent à droite : « Tu peins avec ton bras droit », « Tu as dit bonjour à Mamy avec ta main droite », « Tu ouvres la porte avec ta main droite »...

Au bout de 15 jours, apprenez-lui la notion de gauche : « Je porte ma montre à mon bras gauche », « Tu vas avoir une petite montre de plastique pour ton bras gauche », « Le tableau est accroché sur le côté gauche du mur »...

Continuez ces exercices pendant plusieurs semaines. Puis, vérifiez si l'enfant a bien compris : « Lève ta main droite. » S'il répond sans se tromper, félicitez-le longuement. S'il fait une erreur, laissez le sujet de côté pendant 2 à 3 semaines. Puis recommencez progressivement depuis le début. Attendez, pour lui demander de vous montrer sa main gauche, qu'il ait bien assimilé l'emplacement de sa droite.

***Vous aurez beaucoup de succès auprès de votre enfant en lui organisant un parcours d'obstacles à travers toute la maison. Vous devrez, bien sûr, y prendre part vous aussi.

Inventez les obstacles qu'il aura à franchir : ramper entre les pieds d'une chaise, grimper sur un canapé, marcher à 4 pattes sous une table, se glisser sous un fauteuil, faire deux fois le tour d'une table, escalader un tabouret.

Entre deux obstacles, il aura à faire une galipette, un passage à 4 pattes, une marche le long d'une ligne droite (par exemple la bordure d'un tapis) et à porter un seau à demi rempli. Prévoyez des obstacles qui feront appel à son corps tout entier.

L'enfant éprouve, durant cet exercice, à la fois sa force, sa rapidité, son agilité, sa coordination et sa précision.

Recommencez toutes les deux ou trois semaines environ. Vous pouvez organiser un tel jeu à l'occasion d'un goûter d'enfants.

Faites tous les exercices devant lui, et invitez-le à vous imiter.

A partir de 2 ans, 10

***Vous pouvez maintenant, à l'occasion d'une promenade en forêt, inventer aussi un « parcours d'obstacles ».

Choisissez un objectif qui attire l'enfant : une cabane, un point élevé, un enclos sauvage... Puis, cherchez un chemin « détourné » pour y parvenir. Il faudra par exemple :
— sauter un fossé ;
— passer sur un petit pont ;
— contourner un arbre ;
— traverser des broussailles ;
— escalader une petite colline ;

– se balancer à une branche basse.

Si le chemin n'est pas trop long, l'enfant ne s'ennuiera jamais durant une promenade aussi variée. Ajoutez une petite « surprise » pour le récompenser lorsque vous aurez atteint votre objectif. Vous pouvez, peut-être, lui tailler un sifflet, lui trouver une racine de forme bizarre, observer un nid...

***Prenez un instrument sur lequel vous pouvez facilement battre le rythme : un tambour, un gong ou un vieux couvercle de métal.

Puis emmenez l'enfant dans toute la maison en alignant votre marche et votre musique sur son pas. Lorsqu'il sait marcher régulièrement, invitez-le à le faire plus vite, ou plus lentement. Lorsqu'il y arrive aussi, laissez l'instrument le conduire : demandez-lui d'écouter attentivement (par exemple, à chaque coup, nous soulevons un pied), et accélérez ou ralentissez la cadence.

**L'enfant sait-il déjà sauter à pieds joints ? Il y parvient certainement de la première marche de l'escalier ou d'un petit tabouret. Mais montrez-lui aussi comment il peut sauter depuis le sol avec les deux jambes à la fois.

Cette série d'images présente différents exercices, illustré chacun par 2 photos :

Jeu n° 1 : la mère et l'enfant jouent à l'horloge. Le grand balancier fait « tic » (jambes et pieds étendus), puis « tac » (genoux repliés).

Jeu n° 2 : la mère et l'enfant jouent à l'océan. Un orage survient (soufflez bruyamment par la bouche pour imiter le vent), les vagues s'agitent, puis le calme revient.

Accroupissez-vous comme une grenouille, balancez vos bras en avant et en arrière, et sautez.

L'enfant s'amusera beaucoup à vous imiter, et saura bientôt le faire lui aussi.

**Montrez-lui comment on peut se tenir sur une seule jambe, comme la cigogne ; comment on peut sauter en l'air sur l'une ou l'autre jambe, ou sur les deux jambes à la fois, et comment se redresser sur la pointe des pieds.

*Imitez la démarche caractéristique de certains animaux :
- nous nous accroupissons comme la grenouille ;
- nous rampons comme le serpent ;
- nous nous redressons comme le coq ;
- nous nous faufilons comme le lézard ;
- nous marchons pesamment comme l'éléphant ;
- nous courons comme la girafe ;
- nous nous glissons comme le chat ;
- nous battons des ailes comme l'oiseau.

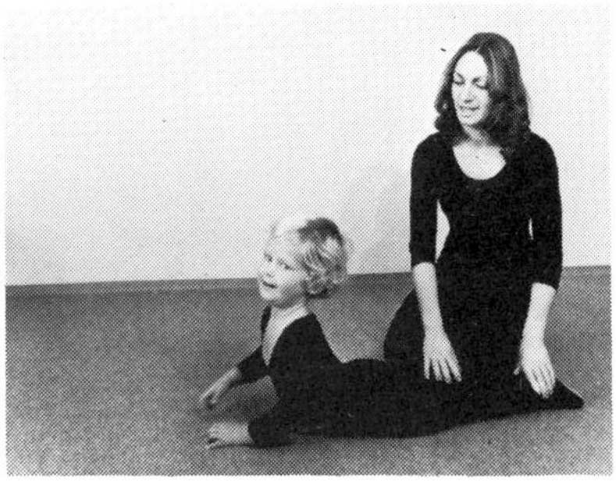

Jeu n° 3 : l'enfant fait le poisson rouge. La maman lui tient bien les pieds en disant : « Le petit poisson s'allonge (il se tient sur les avant-bras), puis il tire ses nageoires en arrière et en avant. »

Jeu n° 4 : la maman et l'enfant « cousent », assis en tailleur. Puis, ils allongent les jambes l'une après l'autre.

Inventez, vous aussi, des exercices de ce type.

L'enfant apprend à dire « moi »

A partir de 2 ans

***L'enfant peut maintenant s'occuper seul plus longuement. Il suffit que la personne qui s'occupe de lui vienne le voir de temps en temps.

Chaque tentative réussie dans ce sens renforce son autonomie. La conscience de pouvoir, à son gré, modifier ou dominer certaines situations, lui procure un sentiment de satisfaction.

Ne le dérangez pas lorsqu'il se livre à ce type d'activités. Ainsi, vous ne l'arracherez pas brutalement à un jeu dans lequel il est absorbé : vous n'aimez pas être dérangé lorsque vous travaillez, lisez, ou regardez la télévision. Attendez plutôt pour lui donner son goûter qu'il se soit arrêté de lui-même.

N'interrompez pas un jeu en lui fournissant le jouet ou l'objet qui lui manque pour continuer ce qu'il est en train de faire. Intervenez discrètement. L'enfant n'aime plus entendre des remarques du genre : « Tu as sûrement besoin de ceci », ou bien « Veux-tu cela ?... »

Ces phases actives sont autant de phases d'autorégulation : l'enfant peut, dans le courant d'une activité, se reposer de l'activité précédente ; il peut épancher son besoin d'agitation physique dans des occupations tranquilles.

***Il est important que l'enfant réalise son propre apprentissage, qu'il puisse se faire une image de lui-même.

Parlez-lui donc de ce qu'il vient d'apprendre : « Hier, tu ne savais pas sauter d'une chaise, mais maintenant tu y arrives très bien. Tu as appris à le faire. Et maintenant tu sais le faire. » Ou bien : « Il y a quelques semaines, tu ne savais pas déboutonner ton manteau. Maintenant tu y arrives très bien ! »

Même si cela doit durer un peu longtemps, l'enfant se sentira beaucoup plus « grand » dans un manteau qu'il aura boutonné tout seul.

Si vous insistez sur ces processus, l'enfant va se considérer de plus en plus comme un être à qui l'on enseigne petit à petit ce qu'il ignore. Ce sentiment l'aide à supporter ses « échecs » éventuels.

Informez-le aussi sur ce qui va se passer dans l'avenir : « Nous allons apprendre maintenant à feuilleter un livre. Bientôt, tu y arriveras toi aussi. Regarde comment je fais... »

N'insistez pas sur ce qu'il ne sait pas encore faire, ni sur ce qu'il n'apprendra pas avant un bon moment. Parlez-lui seulement de ce qui l'attend dans un avenir très proche : cet après-midi, demain.

Montrez-lui quelques anciennes photos de lui, et faites-le en même temps regarder dans une glace : il pourra ainsi se comparer à son aspect antérieur.

**L'enfant sait, plus ou moins, qu'il peut se diriger par lui-même et que, dans une certaine mesure, il s'« appartient ».

Mais son autonomie repose encore sur des bases bien fragiles. Si vous lui donnez un ordre d'un ton autoritaire, par exemple : « Viens ici immédiatement », il vous obéit, même s'il n'en a pas envie. Il est donc encore très sensible à l'autre.

La conscience qu'il a de lui-même se trouve renforcée si vous lui faites fréquemment remarquer ce qui lui appartient à lui tout seul, ce qui vous appartient à vous, ce qui appartient à tous. Précisez-lui qu'il est maître de ce qui est à lui. Vous lui permettrez d'élargir sa zone d'influence et la conscience qu'il en a.

***Il est essentiel, pour le développement de son « moi », que l'enfant apprenne à découvrir son propre corps : le corps doit être l'élément le mieux connu, le plus estimé, le plus disponible du « moi » — tous les autres objets, voire les plus proches, les plus intimes, en étant, par comparaison, fort éloignés.

L'enfant apprend à le découvrir lors de sa toilette, du jeu et des exercices contenus dans le chapitre sur la gymnastique et le mouvement, lors de ses entretiens avec les autres, et plus encore des caresses. L'éducation sexuelle joue ici un rôle essentiel.

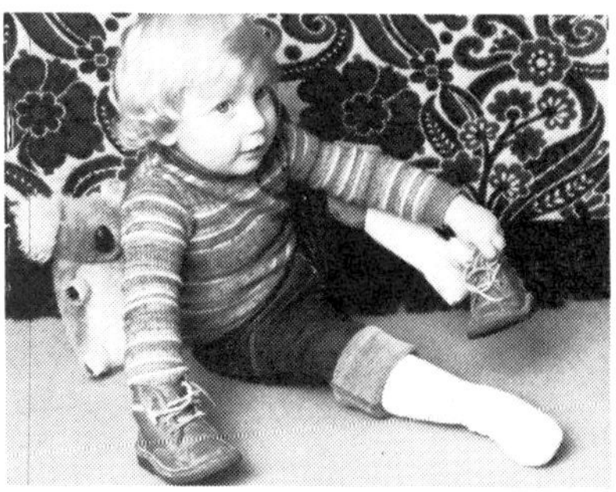

« Les grandes personnes veulent toujours cacher leurs pieds dans leurs chaussures. Moi, je trouve que sur les mains, ce n'est pas mal non plus ! »

A partir de 2 ans, 7

*La télévision exerce peut-être déjà une attraction magique sur votre enfant, surtout si vous la regardez souvent avec lui.

Tenez-le cependant suffisamment à l'écart de ce moyen d'information indirect. L'enfant doit, de préférence, faire des expériences par la voie directe. Les émissions sur les animaux, et les programmes dits « pour enfants » ne conviennent pas à son âge actuel. Lorsqu'il s'ennuie, trouvez-lui un jeu amusant, ou faites-lui faire un des exercices du Programme de développement.

Il a absolument besoin de se familiariser avec son environnement. La connaissance, la parole, la réflexion, la mémoire, l'apprentissage, les activités, le comportement émotionnel... doivent perpétuellement être motivés, afin de l'amener à un développement harmonieux. Or, ce n'est pas la télévision qui lui offrira ces possibilités.

**L'enfant peut maintenant commencer à se rendre utile : il est capable d'attraper un objet, de ranger, de suspendre son manteau... Réfléchissez bien avant de lui faire faire quelque chose.

Intervenez dès qu'il y est arrivé convenablement, et félicitez-le chaleureusement. Vous lui montrez ainsi qu'il a bien compris et bien accompli sa tâche. Par ailleurs, vos félicitations lui prouvent l'intérêt que vous portez au travail que vous lui avez confié.

Evitez les commentaires du genre : « Je te l'ai déjà souvent répété, tu dois... » Ne commencez pas, non plus, par une phrase du type : « Tu me ferais très plaisir si tu... » Donnez-lui plutôt quotidiennement des tâches bien définies.

***La confiance en ses propres facultés est l'un des objectifs essentiels du développement du « moi ». Son niveau dépend, généralement, de ce qu'attend de lui la personne qui s'en occupe principalement.

Si elle demande trop à l'enfant, celui-ci va viser un niveau « par trop élevé », les chances d'échec seront beaucoup plus importantes que si son niveau est respecté : l'enfant perd alors confiance en ses capacités. Ses possibilités diminuent, car il se trouve trop souvent confronté avec l'échec et la déception. Il gaspille beaucoup d'énergie dans les réflexions du genre : « Est-ce que je vais y arriver ? Non, je n'y arriverai pas. » Aussi ne surestimez pas votre enfant. Réjouissez-vous avec lui lorsqu'il réussit de « petits » travaux. L'exercice et l'habitude feront croître ses possibilités.

Il prend confiance en lui-même, ce qui est la base essentielle pour parvenir à un comportement émotionnel équilibré.

Aidez l'enfant à prendre conscience de ses sentiments

Le comportement émotionnel

A partir de 2 ans

Il vous est sûrement déjà arrivé de noter chez votre enfant les sentiments suivants : l'amour, le bonheur, l'affection, la joie, la curiosité, la jalousie, l'envie, la colère, la peur...

Il exprime ses sentiments d'une manière différente de l'adulte : il tape violemment du pied, verse de grosses larmes s'il a mal ou s'il a peur. Dans ce cas, abordez avec lui la raison de son attitude : savoir, par exemple, pourquoi il tape du pied... Il n'a vraisemblablement pas pu satisfaire un désir, vous l'en avez « empêché », et il ne comprend pas votre refus. Il peut s'imaginer qu'il s'agit d'un manque d'amour de votre part. Et il acceptera mieux votre décision lorsqu'il aura compris pourquoi vous ne pouvez pas le laisser faire.

Si vous avez bien compris telle ou telle réaction de l'enfant, vous pourrez, le cas échéant, en parler avec lui. Expliquez-lui comment se caractérise ce sentiment, et quelle en est l'origine. Il en apprend ainsi davantage sur son propre comportement, ce qui l'aidera, ultérieurement, à savoir se maîtriser.

Si vous observez bien la façon d'être de l'enfant, vous saurez très rapidement y déceler des modifications. Si ces réactions sont subitement plus « négatives » que « positives », c'est que quelque chose ne va pas. C'est-à-dire que vous devez alors vous interroger sur votre attitude à vous : peut-être ne lui laissez-vous pas assez de temps pour jouer ? Peut-être ne l'écoutez-vous pas suffisamment ? Peut-être ne lui donnez-vous pas assez l'occasion de s'exprimer ? Peut-être a-t-il des problèmes à la maison, ou manque-t-il de motivations ?

Vous devez, en tout cas, modifier la situation, pour que les réactions positives reprennent le dessus. N'oubliez pas, en effet, que chaque nouvelle expérience est influencée par les précédentes. Ainsi, un événement « neutre » peut aussi bien être enregistré de façon positive que de façon négative. Les événements interprétés de façon « négative » risquent, à la longue, de rendre l'enfant dépressif, méfiant et peu communicatif. Ceux pris de façon « positive » renforcent, au contraire, son approche de la vie.

Une situation unique ne saurait jouer ici un rôle déterminant. Seuls des cas répétés sur une longue période risqueront de marquer les sentiments de l'enfant de façon durable. Voici un exemple, pour vous montrer comment aborder avec l'enfant le chapitre de ses sentiments. Imaginons qu'il veuille faire sortir un oiseau de sa cage. Vous craignez que l'oiseau ne soit difficile à rattraper. Alors, vous l'en empêchez : il se met à protester, à pleurer, à hurler de colère... Dites-lui, par exemple :

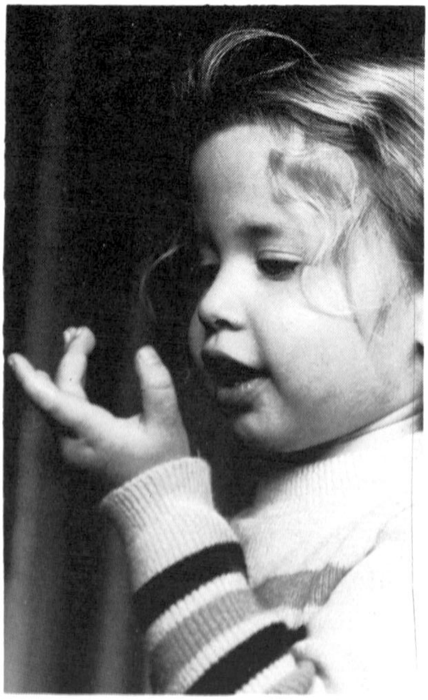

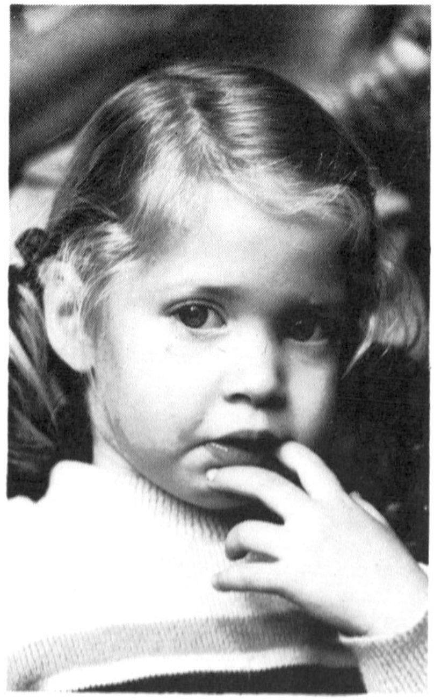

En quelques minutes, cette petite fille a offert à notre photographe les expressions les plus variées.
Elle a d'abord joué (très concentrée) avec ses doigts, puis elle s'est tournée, un peu intimidée, vers la caméra. Ensuite, son frère est arrivé pour lui prendre son jouet, et elle s'est mise à pleurer. Enfin, une blague lui a tout de suite rendu son sourire.

« Arrête-toi de pleurer, et je vais t'expliquer pourquoi tu ne dois pas laisser sortir l'oiseau ! » L'enfant n'est peut-être pas encore très réceptif. Attendez qu'il se soit calmé, et essayez une fois encore : « Si l'oiseau sort de sa cage, il va s'envoler. Nous n'arriverons pas à le rattraper, car il est plus rapide que nous. Et si nous montons sur la table, pour l'enlever du rideau, il va s'envoler pour se poser sur l'armoire. Si quelqu'un ouvre la porte, il va s'en aller à l'extérieur, et il ne retrouvera plus son chemin. Dehors, il va avoir faim, parce qu'il ne sait pas chercher sa nourriture. Et nous voulons garder notre oiseau ! » Vous pouvez même mimer la scène devant lui, ce qui contribuera à faire tomber sa colère. Il verra ainsi que votre interdiction n'était pas arbitraire, mais bien fondée.

**L'enfant découvre beaucoup de sentiments et leur mode d'expression dans son observation des autres.

Il voit quotidiennement les événements auxquels vous êtes confrontés et les réactions qui en découlent : si vous les acceptez, vous énervez, vous mettez en colère...

Prenez pour règle de ne laisser paraître *ostensiblement* devant l'en-

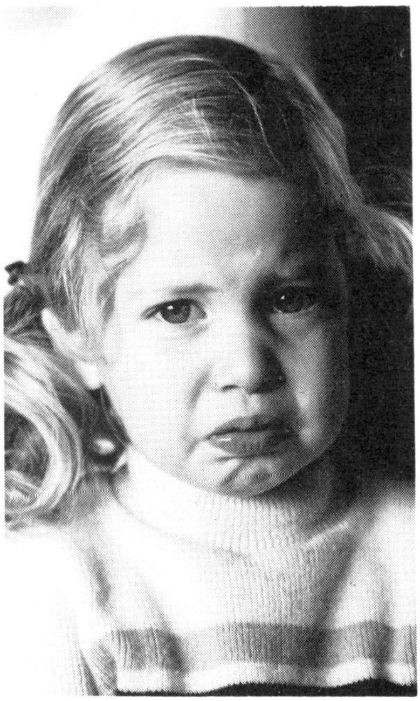

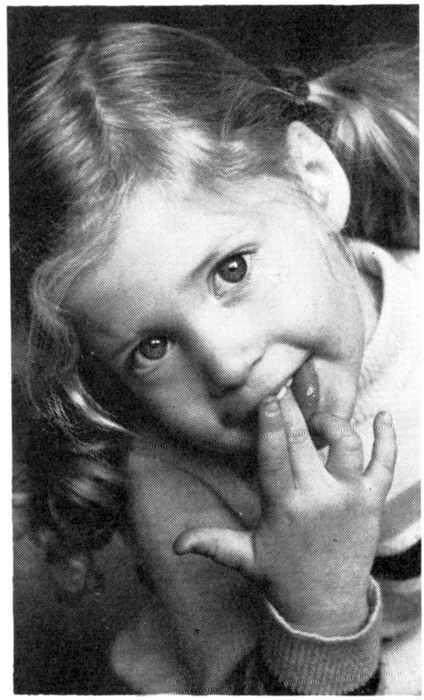

fant que les sentiments dont il peut saisir l'origine. Sinon, il aura l'impression que votre comportement n'est pas motivé. Il pensera qu'il s'agit de réactions imprévisibles et incontrôlées.

L'enfant doit apprendre à réagir de façon mesurée, en fonction des circonstances. Les autres sauront alors mieux comprendre son attitude et répondre à ses démonstrations.

Faites-lui réaliser la raison de votre réaction devant telle ou telle situation. Décrivez-lui votre mode d'expression. Il comprendra très rapidement. Quelques bons exemples suffisent pour l'aider à interpréter les différentes attitudes de ses proches.

**Les livres seront également riches d'enseignements dans ce sens. Lisez-lui une histoire présentant un enfant tour à tour triste ou coléreux, rieur ou curieux, et expliquez-lui pourquoi il réagit de telle ou telle façon. L'enfant comprendra d'autant plus facilement qu'il sera éloigné des événements, qu'il ne sera pas, lui-même, au centre du conflit.

Cherchez des exemples se rapportant aux différents types de sentiments. Vous développerez en même temps l'adaptation à la vie en société : l'expression des sentiments est, en effet, étroitement liée aux contacts avec les autres.

On trouve souvent, dans les livres d'enfants, des animaux ayant les mêmes sentiments que les êtres humains. Un lièvre peut être « triste » ou « pleurer », un oiseau peut chanter « joyeusement »... Ne tirez pas vos exemples de ces histoires-là, car elles lui donneraient une fausse idée du comportement des animaux. En outre, c'est du comportement humain qu'il s'agit, et celui des animaux n'est pas le bon moyen pour apprendre à le découvrir.

***Laissez à l'enfant le temps de trouver la juste réaction. C'est-à-dire que vous ne devez pas le critiquer lorsqu'il montre ses sentiments. Ne lui dites jamais : « Ne t'excite pas ainsi lorsque tu es content », ni « Ne sois pas si coléreux ». Vous pouvez tout au plus influer sur ses réactions lorsque vous en abordez les causes.

Demandez-lui donc la raison de sa colère, et cherchez une solution pour l'apaiser. Il suffit parfois que vous lui expliquiez le pourquoi de votre interdiction, jusqu'à ce qu'il le comprenne. Vous contribuerez ainsi à le rendre plus raisonnable avec le temps.

Evitez les arguments factices, du genre : « Aujourd'hui, il fait beaucoup trop froid pour aller dehors ! » Vous n'auriez qu'à l'habiller plus chaudement ! Il finirait par comprendre vos manœuvres et par savoir les discuter...

**Vous pouvez renforcer certaines réactions de l'enfant en réagissant vous aussi devant l'événement. Par exemple, réjouissez-vous lorsqu'il se réjouit. Mais n'abusez pas de cette méthode, n'explosez pas de joie plus fort que lui !

***Respectez un sentiment particulier : la peur.

L'enfant a-t-il seulement peur à raison, ou bien est-il exagérément craintif ? Demandez-vous alors si cela ne vient pas de votre frayeur excessive devant toutes sortes de dangers : « Non, tu pourrais tomber ! », « Ne cours pas si vite, car tu vas te faire mal », « Non, c'est fragile ! »...

Apprenez-lui plutôt à éviter le danger : « Si tu veux grimper à cet arbre, il faut que tu te tiennes à cette branche-ci, et que tu poses ton pied sur celle-là. » Au bout de plusieurs avertissements, l'enfant aura corrigé ses erreurs. Il gagnera de la sûreté et saura exploiter sa réussite, en grimpant, par exemple, un peu plus haut sur l'arbre.

Ne laissez pas transparaître une peur sans fondement, et sachez réprimer votre cri de frayeur si vous faites, par exemple, tomber un couteau...

***Vous observerez souvent des réactions excessives chez votre enfant : tour à tour une excitation exagérée, une nervosité, une agitation, une agressivité, un accès de colère...

Il s'agit probablement d'une grande fatigue ou d'une grande tension nerveuse. Proposez-lui alors un jus de fruits et quelques biscuits, un petit morceau de chocolat ou de pain. Si l'enfant n'en veut pas, et refuse également de se mettre au lit, il ne vous reste plus qu'à attendre ou à essayer de le calmer en lui lisant une histoire.

Cet état de tension passera plus facilement si vous ne lui demandez pas trop d'activités à ce moment-là.

L'enfant développe ses contacts avec les autres

Le comportement social

A partir de 2 ans

Nous nous adressons tout d'abord aux parents ayant plusieurs enfants, car il s'agit ici des comportements entre frères et sœurs, et du rôle des parents.

Vous souhaitez, bien sûr, que vos enfants se comprennent, qu'ils jouent les uns avec les autres et s'entendent bien. Mais comment y parvenir ? Evitez tout ce qui pourrait provoquer un conflit entre eux :

– La préférence pour l'un. Les autres se sentent alors tenus à l'écart, et font preuve d'agressivité vis-à-vis du « chouchou ».

– Les tendresses qui vont à l'un des enfants : le fils, la fille, le plus jeune...

– Les consignes ou les travaux, donnés de la façon suivante : « C'est toi le plus âgé, donc le plus raisonnable. »

– Faire des aînés les baby-sitters du plus jeune, en dépit de leurs envies à eux. Donnez-leur plutôt l'occasion de jouer et de passer leur temps ensemble.

– Jouez avec tous les enfants à la fois (avec des cubes, ou des poupées), en donnant à chacun un rôle correspondant à son âge et au niveau de son développement. Les enfants s'habituent ainsi, progressivement, à jouer longtemps sans se bagarrer.

– Proposer à chacun de donner l'un de ses jouets à l'autre. Il faut, bien sûr, être diplomate et ne pas exercer de pression sur eux.

Demandez deux fois, au maximum, si l'un d'eux veut bien donner un de ses jouets. S'il refuse, essayez à nouveau un peu plus tard. Vous amènerez ainsi les enfants tout doucement à échanger spontanément leurs jouets, à les prêter.

– Ne les laissez pas trop longtemps seuls dans leur chambre, pour éviter toute source de conflit. Lorsqu'ils auront joué plusieurs fois quelques minutes sans se battre, vous pourrez alléger progressivement votre surveillance !

– Aidez vos enfants par une phrase de ce genre : « Je vais vous donner une idée : toi, tu transportes les cubes avec ton camion sur le chantier, et toi, tu construis une tour. »

Même s'ils ne suivent votre conseil que très peu de temps, ce sera déjà un grand succès. Les enfants découvrent ainsi qu'un seul jeu permet plusieurs activités qui se complètent. Et ils oublient, momentanément, leur éternelle envie de prendre les jouets de l'autre.

– Occupez-vous parfois de chaque enfant séparément (dans la cuisine, pour ranger, pour laver la voiture...). Chacun d'eux a besoin de votre présence pour se sentir aimé et compris.

**Elargissez les relations de l'enfant avcc les adultes.

Jusqu'à maintenant, il ne connaît vraiment bien que son père et sa mère. Mettez-le, aussi souvent que possible, en contact avec des amis, des parents.

Il faut, par exemple, si vous êtes en visite, qu'il puisse se tenir et jouer dans la même pièce que les adultes. Il entend ainsi les conversations, perçoit la façon de parler et le contenu des entretiens. S'il n'y a que vous qui lui parlez, il ne connaîtra jamais d'autre forme de dialogue.

Laissez-le parfois seul avec des adultes qu'il connaît déjà et qu'il aime bien. Demandez aux personnes qui viennent chez vous de prendre l'initiative de s'entretenir quelque temps avec l'enfant. Tel ou tel adulte sait peut-être faire une chose qui intéresse l'enfant : mettre un film dans un appareil de photo, peindre un meuble... Toutes ces activités le fascineront d'autant plus qu'il ne vous les aura jamais vu faire. Il découvre alors que tous les adultes n'ont pas nécessairement le même comportement que vous.

De nombreux contacts avec les autres élargiront le registre de ses réactions et l'aideront à choisir celle qui lui convient le mieux.

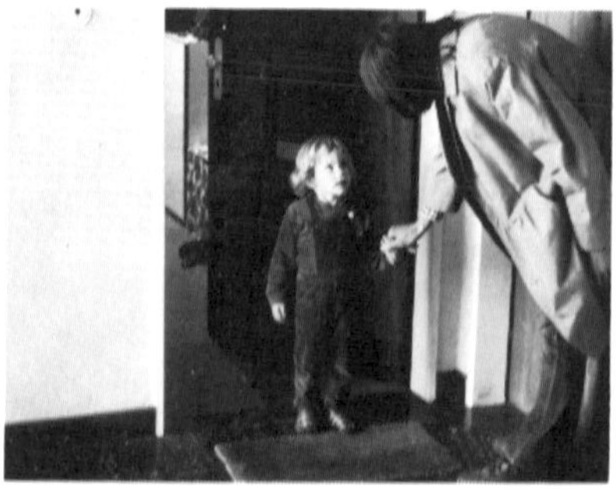

A partir de 2 ans, 7

***Utilisez le contact avec les autres enfants pour élargir, de façon systématique, le comportement social du vôtre. C'est essentiel, surtout s'il n'a pas de frères et sœurs.

Voici ce qu'apprend votre enfant en jouant avec des camarades de son âge :

— Les autres enfants connaissent, eux aussi, la joie de la réussite, ou les échecs.

Un visiteur adulte ne devrait pas aborder l'enfant avec des salutations et des exclamations trop bruyantes. Après l'avoir observé un moment, l'enfant l'approchera plus facilement et entreprendra peut-être les premiers contacts.

— Il peut se sentir intégré dans le groupe et dans les activités des autres. Il apprend ainsi qu'il n'est pas toujours dépendant de ses parents. Il développe davantage d'initiatives personnelles, ou se laisse diriger par d'autres enfants.

S'il réussit ce qu'il a entrepris, il se sent plus fort, et acquiert de la confiance en lui-même. Il ne faut donc pas le laisser avec un seul enfant qui ne cherche qu'à le dominer, mais avec des enfants très différents. Il saura ainsi qu'il faut adapter ses intérêts particuliers à ceux de ses compagnons de jeux.

— L'enfant est toujours brimé par la position de « supériorité » de l'adulte : ce dernier l'oriente par des conseils, par des idées de jeux ; ou bien il se force à faire « le petit », ce qui sonne faux et donne une idée erronée de l'état d'adulte.

Cette sensation de « supériorité » n'existe pas dans un groupe du même âge, ce qui libère l'enfant sur le plan psychologique.

— L'enfant se trouve très vite confronté aux intérêts des autres : « donner » et « prendre » changent fréquemment de camp. C'est d'abord votre enfant qui arrache le jouet d'un autre, puis un autre qui lui prend le

Cette photo montre à quel point l'enfant peut se sentir désemparé là où l'adulte ne ressent aucune difficulté : les jambes, les sacs, les vêtements brouillent sa vue, et le mettent dans une situation pleine d'embûches.

sien. Ou encore, il donne son jouet spontanément, et en obtient un sur simple demande !

L'accord, l'attitude neutre, le refus... autant de comportements que l'enfant découvre — verbalement aussi — auprès des camarades de son âge, et auxquels il sait très vite s'adapter.

— Le rôle social de l'enfant n'est pas établi très tôt : ce dernier demeure flexible, son comportement se modifie fréquemment.

C'est dans les années qui suivent que — grâce à ses multiples expériences — il va se fixer sur un rôle qui lui convient, qui inclut un comportement social vis-à-vis des autres, sans pour autant renoncer à ses propres intérêts et à ses désirs particuliers.

Pour atteindre cet objectif, l'enfant a besoin de compagnons de son âge. Si vous ne connaissez pas de familles à enfants, entrez en relation avec d'autres mères, au jardin. Expliquez-leur votre démarche.

Les deux mamans devront être présentes, au début, lors de la première rencontre, au jardin ou chez l'un d'eux. Lorsqu'ils seront bien habitués l'un à l'autre, les adultes pourront se retirer. Au bout de quelque temps, vous verrez si l'on vous réclame !

La fois suivante, la maman qui est en visite peut proposer de s'absenter un peu. Mais elle ne devra pas partir en cachette de l'enfant qui serait très déçu en constatant son absence. Lorsque votre enfant se sera fait à l'autre et à la séparation d'avec vous, vous pourrez tranquillement le laisser 1 heure. Au-delà, à cet âge, le résultat serait plutôt négatif.

***Observez les enfants lorsqu'ils jouent, et intervenez calmement s'ils ne savent pas résoudre eux-mêmes un conflit, s'il y a une menace de colère, ou d'agressivité excessive.

Expliquez que l'on peut toujours se mettre d'accord en prêtant et en partageant équitablement ses jouets. L'échange et le partage sont les règles du jeu démocratique, que l'enfant peut déjà expérimenter. Ne vous lassez pas de les lui enseigner, afin qu'il sache trouver de lui-même une solution satisfaisante.

*Vers la fin de la 3e année, vous pouvez proposer à l'enfant différents jeux de rôles à interpréter avec vous, ou avec des camarades :
- le facteur apporte le courrier ;
- nous faisons les courses ;
- nous prenons l'autobus ;
- le policier règle la circulation.

« Un coup, tu me tires. Un coup, je te tire. Mais, il faut aller le plus vite possible... »
« A trois, nous arriverons bien à réparer cette brouette ! »

Tableaux récapitulatifs

Testez le niveau
de développement
de votre enfant

Index

Testez le niveau de développement de votre enfant

Introduction au test

Objectif du test. Le test suivant vous permet de faire le point sur le niveau de votre enfant à 36 mois.

Faites-le-lui faire à la fin de la 3e année. Il permet de s'apercevoir des retards dans le développement.

Si vous notez, au vu des tests, que votre enfant est nettement inférieur à la moyenne, intensifiez les exercices, et consultez, éventuellement, un psychologue.

Voici les domaines qui s'y trouvent plus précisément abordés :
– motricité et maîtrise physique ;
– activités manuelles ;
– langage et réflexion ;
– contacts sociaux.

Structure du test. Le test comporte 32 questions, soit 8 pour chaque secteur. Les questions ont été élaborées en accord avec les résultats d'expériences scientifiques.

Conditions à respecter :
• L'enfant doit être reposé, en bonne santé, et non « excité ».
• La pièce dans laquelle vous lui faites faire le test doit être calme, à une température agréable, et familière à l'enfant.
• Les tests seront répartis sur 2 ou 3 jours.
• Certains exercices peuvent être faits dans le courant d'une journée normale. Ils seront marqués d'un « J ».

Présentation du test. Respectez les indications suivantes :
• Chaque question doit être posée de façon compréhensible. Si l'enfant ne la comprend pas, répétez-la une seconde fois dans les mêmes termes. S'il n'arrive toujours pas à répondre, passez à la question suivante. Ne reposez pas le lendemain les questions qu'il n'a pas résolues.
• Préparez à l'avance le matériel dont vous aurez besoin.
• Vous pouvez, le cas échéant, lui faire remarquer les questions ou les exercices réussis. Passez sur ceux qui ne le sont pas, mais faites toutefois une petite pause pour permettre à l'enfant de se corriger.
• C'est en observant l'enfant que vous répondrez pour lui à certaines questions. Elles seront alors marquées d'un « O ».
• Lisez deux fois les questions avant de les lui soumettre, pour pouvoir ensuite vous concentrer exclusivement sur l'enfant.
• Laissez-lui suffisamment de temps pour répondre, mais ne l'aidez pas.

Le test

Motricité et maîtrise physique. Voici ce qu'il doit pouvoir faire :

1. Rester debout 2 secondes sur une jambe sans se tenir. (Placez-vous en face de lui, en disant : « Nous allons maintenant nous tenir sur une seule jambe, et compter deux fois : 1, 2, 3, 4... 1, 2, 3, 4. »)
3 essais au maximum.
Oui .... Non ....

2. Sauter à pieds joints de 15 à 20 cm de haut. (Par exemple de la dernière marche de l'escalier. Dites-lui, pour l'encourager : « Allez, maintenant, saute avec les 2 jambes. »)
Oui .... Non ....

3. Faire quelques pas sur la pointe des pieds. (Maintenant, nous sommes très grands, et nous traversons la chambre l'un derrière l'autre...)
Oui .... Non ....

4. Sauter à pieds joints au moins 20 cm en longueur. (Montrez-lui, sur un tapis antidérapant, qu'il faut se courber légèrement avant de sauter, et dites-lui : « Regarde, maintenant, c'est à toi de sauter. »)
2 essais au maximum.
Oui .... Non ....

5. Prendre un ballon avec les deux mains à la fois, le tenir en arrière de la tête, puis le lancer en avant, à au moins 2 mètres.
2 essais au maximum.
Oui .... Non ....

6. Faire une galipette en gardant bien la même direction.
Oui .... Non ....

7. Faire du tricycle. (S'il n'en a pas, faites-vous-en prêter un, et montrez-lui pendant 10 à 15 minutes comment s'en servir.)

S'il y parvient, faites une croix dans la case « oui ».
Oui .... Non ....

8. Monter un escalier tout seul en changeant de pied à chaque marche. (Il a le droit de se tenir à la rampe. Faites une croix dans la case « oui » s'il monte généralement l'escalier de cette façon.)
Oui .... Non ....

Activités manuelles. Voici ce que l'enfant doit pouvoir faire :

9. Recopier un cercle et une croix. (Tracez un cercle sur une feuille de papier avec un gros crayon, d'environ 8-10 cm de diamètre. Laissez l'enfant refaire un cercle sur un grand papier placé à côté du vôtre. Recommencez ensuite avec une croix.)

Les deux figures doivent être suffisamment claires pour qu'un étranger puisse les identifier.
Oui .... Non ....

10. Classer des boutons noirs, blancs et rouges, d'après leur couleur. (Montrez-lui un exemple sur 5 boutons, en disant : « Tu mets les rouges ici, les blancs là, et les noirs là-bas. » Préparez 5 boutons ou 5 plaquettes.)
Oui .... Non ....

11. Faire un pont à partir de 3 cubes. (Dites-lui seulement : « Tu vas faire un pont avec ces 3 cubes. » Vous ne devez pas lui montrer l'exemple, ni réitérer votre proposition.)
Oui .... Non ....

12. Faire une tour avec 8 cubes posés les uns sur les autres. (Taille approximative des cubes 2, 2 × 4, 4 × 8, 8 cm.)
3 essais au maximum. « J »
Oui .... Non ....

13. Couper en deux une feuille de papier avec des ciseaux.
Oui .... Non ....

14. Mettre et enlever tout seul son manteau. (Fermé par de gros boutons.) « O »
Oui .... Non ....

15. Se laver et s'essuyer les mains tout seul. « J »
Oui .... Non ....

16. Manger tout seul avec une fourchette, sans en mettre partout.
Oui .... Non ....

Langage et réflexion. L'enfant doit, ici, faire appel à ses facultés intellectuelles.

17. Répéter l'une des 4 séries de 3 chiffres que vous venez de prononcer. (« Répète après moi : 3, 8, 1. » Dites les chiffres lentement, toujours sur le même ton, et une seule fois. Si l'enfant ne les répète pas correctement, continuez l'exercice avec 2, 9, 1 ; 5, 7, 3 ; 2, 7, 4.)
Oui .... Non ....

18. Montrer son nez, sa bouche et ses yeux. (« Montre-moi ton nez, ta bouche, tes yeux... » Faites une croix dans la case « oui » s'il répond bien aux 3 questions.)
Oui .... Non ....

19. Retrouver immédiatement 2 objets sur 3 que vous avez cachés devant lui. (Disposez à l'envers 9 tasses, 3 par 3, puis dites à l'enfant : « Regarde bien sous quelles tasses je cache ces 3 bonbons ! » Placez les 3 bonbons sous une tasse de chaque rangée. Faites tourner l'enfant une fois sur lui-même, et demandez-lui de retrouver les bonbons en soulevant un minimum de tasses. Au 3ᵉ essai, l'enfant doit avoir trouvé 2 bonbons.)
Oui .... Non ....

20. Répondre convenablement à des questions simples. (« As-tu faim ? », « Est-ce qu'il pleut dehors ? », « Qui vois-tu ? », « Où vivent les poissons ? »... Faites une croix dans la case « oui » s'il a bien répondu à 3 questions sur 4.)
Oui .... Non ....

21. Décrire une image qu'il voit pour la première fois, en donnant au moins 3 précisions. (Choisissez une image contenant 8 éléments que l'enfant connaît bien : une maison, un arbre, un champ, un chat, un chien... Et demandez-lui : « Raconte-moi ce que tu vois sur cette image. »)
Oui .... Non ....

22. Habitudes de langage :
• faire souvent une phrase complète ;
• employer les substantifs au pluriel ;
• conjuguer les verbes (je joue, tu joues...) même avec des erreurs.
Si l'enfant réussit 2 de ces cas sur 3, considérez tout le travail comme assimilé. « O »
Oui .... Non ....

23. Donner son âge. (Demandez-lui : « Quel âge as-tu ? »)
Oui .... Non ....

24. Comprendre ce que signifient « aujourd'hui », « hier », « demain ». « O »
Oui .... Non ....

Contacts sociaux. Voici le comportement que l'enfant devrait avoir.

25. L'enfant sait répondre au moins à 3 des demandes suivantes :
– « Va chercher l'assiette sur l'évier » ;
– « Enlève tes chaussures » ;

– « Va chercher le lait » ;
– « Eteins la lumière ».
(Demandez-lui de le faire lorsque les conditions nécessaires sont remplies, c'est-à-dire que vous avez préparé une assiette, qu'il porte des chaussures, que le lait est facile à trouver, et que la lumière est allumée.) « J »
Oui .... Non ....

26. Faire bien la distinction entre « le mien » et « le tien ». (Demandez-le-lui pour 8 objets : vêtements, jouets, livres, couverts... dont 1 à chaque fois appartient à l'enfant. Il doit répondre convenablement aux 8 questions.)
Oui .... Non ....

27. Jouer avec d'autres enfants à chat, ou à cache-cache, en respectant les règles du jeu. « O »
Oui .... Non ....

28. Employer, à bon escient, le mot « moi ». « O »
Oui .... Non ....

29. Consoler spontanément un enfant plus jeune, ou de son âge, qui pleure. (Faites une croix dans la case « oui », même si cette réaction remonte à un certain temps.)
Oui .... Non ....

30. Choisir et tenir, un moment, un rôle dans un jeu (le vendeur, l'animal...). « O »
Oui .... Non ....

31. Se séparer facilement de sa mère quand il est sollicité par des petits amis. « O »
Oui .... Non ....

32. S'intégrer, avec l'aide des adultes, à un groupe d'enfants. « O »
Oui .... Non ....

Lecture du test

Mettez un point pour chaque réponse positive, et portez les résultats sur le tableau suivant.

Questions	Points
Motricité et maîtrise physique	....
Activités manuelles	....
Langage et réflexion	....
Comportement social	....
Total	....

• Interprétation du résultat d'ensemble :

– *31-32 points :* développement supérieur à la moyenne.

– *27-30 points :* développement normal par rapport à l'âge de l'enfant.

– *21-26 points :* retard dans le développement. Répétez très attentivement les exercices du Programme du développement du livre 3, en particulier pour les domaines dans lesquels l'enfant a obtenu le moins de points. Adressez-vous à un conseiller pédagogique, qui vous indiquera comment aider votre enfant.

– *Moins de 20 points :* retard important. Adressez-vous aussi vite que possible à un pédiatre ou à un conseiller pédagogique.

Si les points obtenus par votre enfant sont très variables d'un secteur à l'autre, par exemple qu'ils se répartissent de la façon suivante : 5, 5, 8, 8, ou 2, 7, 8, 8..., adressez-vous à un conseiller pédagogique qui vous aidera à éviter un retard dans le domaine en question.

• Interprétation des résultats portant sur la motricité et maîtrise physique :

– *6-8 points : développement normal.*

– *4-5 points :* léger retard. Répétez les exercices contenus dans le chapitre « Gymastique et mouvement ».

– *0-3 points :* consultez un pédiatre ou un psychologue.

• Interprétation des résultats portant sur les activités manuelles :

– *6-8 points :* développement normal.

– *4-5 points :* léger retard. Répétez les exercices contenus dans les chapitres « Connaissance » et « Gymnastique et mouvement ».

– *0-3 points :* consultez un pédiatre ou un psychologue.

• Interprétation des résultats portant sur le langage et la réflexion :

– *6-8 points :* développement normal.

– *4-5 points :* léger retard. Répétez les exercices contenus dans les chapitres « Langage » et « Réflexion ».

– *0-3 points :* consultez un pédiatre ou un psychologue.

• Interprétation des résultats portant sur le comportement social :

– *5-8 points :* développement normal.

– *4 points :* léger retard. Répétez les exercices contenus dans le chapitre « Comportement social ».

– *0-3 points :* consultez un pédiatre ou un psychologue.

Index

Bibliographie

Pour les parents

Collection Parents Pomme d'Api

Anne FROISSART, *Votre enfant aussi est musicien*
Bernadette GARRETA, *Les petits accidents de votre enfant*
Laure BOYER, *Enfant libre dans un corps libre*
Anne-Marie DE BESOMBES, *Les jouets de votre enfant*
Bernadette GARRETA, *Les petites maladies de votre enfant*

Collection Parents et Enfants

Marie DE MAISTRE, *Les parents et le développement du langage*
Jean-Claude LAFAY, *Comment rendre nos enfants heureux*
Jean ATGER, *Parents, éducation et sexualité*
Jean-Pierre RAYNAUD, *Parents insupportables ? Enfants difficiles ?*
Georges HIBERT et Odile HIBERT-KUNTZLER : *L'appétit de votre enfant*

Collection Eduquer Aujourd'hui

Catherine RAGER, *Des enfants obéissants, notre rêve ?*
TRAPMANN, LIEBETRAU, ROTTHAUS, *Les petits problèmes de nos enfants*
Johanna TREICHEL, *Les sept années décisives de votre enfant*

Pour les enfants

Dick BRUNA, *Les petits animaux*
Dick BRUNA, *Le coffre à jouets*
Dick BRUNA, *Dans ma maison il y a...*
Dick BRUNA, *Voici le lait de ma vache*
Dick BRUNA, *Les premières images*
Eva SCHERBARTH, *Ça c'est nous*
Eva SCHERBARTH, *Viens jouer avec nous*
Edith WITT, *Nous tous aujourd'hui*
Eva SCHERBARTH, *Je vais chez le médecin*
Agnès ROSENSTIEHL, *60 Poésies, 60 Comptines.*

Tous ces livres sont édités par les Éditions du Centurion, Paris.

ACHEVÉ D'IMPRIMER EN FÉVRIER 1978
SUR LES PRESSES DE L'IMPRIMERIE CH. CORLET
— 14110 CONDÉ-SUR-NOIREAU —

N° d'Imprimeur : 2052
Dépôt légal : 1er trimestre 1978